Indiana Jones™ Jr
contre le roi Zed

Les Martin

Indiana Jones™ Jr contre le roi Zed

Traduit de l'américain par Jérôme Jacobs
Illustrations d'Erik Juszezak

HACHETTE
Jeunesse

SÉRIE *INDIANA JONES* ™ *JR* DANS LA BIBLIOTHÈQUE VERTE

Indiana Jones Jr contre le roi Zed
Indiana Jones Jr et le masque de fer
Indiana Jones Jr et la princesse fugitive
Indiana Jones Jr et le tombeau du pharaon
Indiana Jones Jr et les chevaliers fantômes
Indiana Jones Jr et la croix de rubis
Indiana Jones Jr et le trésor de la plantation
Indiana Jones Jr contre les druides noirs

L'édition originale de cet ouvrage
a paru en langue anglaise chez Random House
sous le titre
YOUNG INDIANA JONES AND THE SECRET CITY

Hachette, 79, boulevard Saint-Germain, 75006 Paris.

1
Arrivée à Istanbul

Turquie, juin 1914

« Allons, réveille-toi, paresseux ! s'écria Indiana Jones. Nous arrivons à Istanbul. »

Mais aucun son ne parvint de la couchette voisine.

« Heeeerrmmaaaaann !!! Debout ! »

Cette fois, la forme humaine blottie sous les draps fit un bond en l'air. Les cheveux hérissés d'un jeune garçon apparurent en premier. Puis deux petits yeux éblouis par le soleil matinal fixèrent Indiana.

Avec une expression de reproche.

« Mmmm... mais qu'est-ce qui te prend, Indy, tu es fou ? protesta le dormeur. Bbbrrrr, ce qu'il fait froid dans cette cabine ! »

Puis il se mit à bâiller à s'en décrocher la mâchoire. Indiana le regarda en secouant la tête.

« Tu sais quoi, Herman ?

— Nnnnoonnn..., murmura ce dernier.

— Eh bien, tu me rappelles furieusement un conte que j'ai beaucoup aimé. *Blanche-Neige et les sept nains,* ça te dit quelque chose ? »

Herman ouvrit des yeux ronds. Ses grosses joues se teintèrent de rose.

« Qu'est-ce que tu racontes ?

— Tss, tss... tu vas comprendre. Il était une fois sept nains. Le premier s'appelait Simplet, le second, Dormeur, le troisième, Grincheux, le quatrième...

— AAAATTCCHHOOOOUUUMMM !, répondit Herman malgré lui.

— Bravo ! fit Indiana en pouffant de rire. Eh bien, vois-tu, Hermie, si l'on en faisait un film, tu pourrais interpréter tous les nains à toi seul. »

Herman se dressa sur son séant.

« Comment ça ? interrogea-t-il, maintenant bien réveillé.

— Enfin, voyons ! Tu ne penses qu'à dormir, comme Dormeur. Tu rouspètes sans arrêt, comme Grincheux. Tu es aussi ignorant que Simplet. Et tu éter...

— AAAATTCCHHOOOUUUMMM !

— ...nues sans arrêt comme...

— AAAATTTT... »

Cette fois, Indy plaça un index protecteur sous les narines d'Herman.

« Tu vois, c'est très simple. Tu n'as qu'à mettre un doigt sous ton nez, et tu n'éternueras pas. »

Les yeux rougis, Herman hocha la tête en signe de remerciement. Mais il décida, pour une fois, de rendre la monnaie de sa pièce à Indy.

« Je crois que tu commets une erreur, Indy. Il n'y a vraiment que toi qui pourrais interpréter le rôle de Prof, le plus barbant des donneurs de leçons. »

Indiana éclata de rire. Soudain, la sirène du bateau déchira le silence du petit matin.

« Dépêche-toi, Hermie, filons sur le pont pour admirer la vue. Istanbul, capitale de l'Empire ottoman, l'ancienne Constantinople, cité millénaire partagée entre deux continents... »

Herman, sur le point d'enfiler ses chaussettes, fronça les sourcils.

« De l'Empire auto...quoi ? »

Mais Indiana était déjà parti en courant vers le pont du bateau à vapeur. De toute façon, Herman le savait bien : quand Indy se lançait dans ses divagations historiques, mieux valait le laisser dire. Il devait tenir cette manie de son père, le professeur Jones.

C'est ce dernier qui avait entraîné les deux jeunes adolescents dans cette aventure. Passionné par l'histoire des Croisades, il avait décidé, un beau matin, d'aller faire quelques recherches à la bibliothèque d'Istanbul. Sitôt dit, sitôt fait. Le professeur Jones était un homme d'action.

Malheureusement pour lui, il avait dû emmener son fils Indiana avec lui. Et pour tout arranger, Indiana l'avait supplié de laisser son meilleur ami, Herman, les accompagner. Pour avoir la paix, le professeur avait fini par accepter.

«Je n'arrive pas à croire que je me trouve en Turquie, à l'autre bout du monde! s'exclama Herman, enfin arrivé sur le pont du bateau. Quel voyage!

— Tu peux le dire, en effet», répondit Indiana avec enthousiasme.

Il sortit de sa poche une carte du monde, qu'il déplia soigneusement avant de la poser à plat sur une caisse. Du doigt, il pointa la côte est de l'Amérique.

«Tu vois, nous sommes partis d'ici : New York. Ensuite, nous avons traversé l'océan Atlantique, puis le détroit de Gibraltar.

— Là, c'est la Méditerranée, n'est-ce pas?» interrogea Herman d'une voix hésitante.

Il avait toujours peur de dire une bêtise devant Indy, son héros. Herman éprouvait pour lui une admiration sans bornes. En effet, tout aventureux qu'il fût, Indy n'en était pas moins un vrai puits de science, qui faisait l'envie de tous dans leur collège.

« Tu as raison, Hermie, c'est bien la Méditerranée. Nous avons fait escale à Marseille, Naples et Athènes, puis nous avons gagné la mer Egée. »

Herman suivait avec fascination le doigt d'Indy sur la carte.

« Après avoir traversé le détroit des Dardanelles, nous avons pénétré dans la mer de Marmara. Et nous voilà à Istanbul.

— Ppffiioouuuu ! commenta Herman, le souffle coupé. Quel périple !

— Quelle odyssée, oui ! » répondit Indy en adressant un clin d'œil à son camarade.

De nouveau, la sirène du bateau retentit, trouant la nappe de brume qui flottait dans le port. On pouvait à peine distinguer les contours des minarets et des mosquées surmontées de leurs coupoles dorées. On aurait dit des fantômes, échappés de la nuit des temps.

Herman frissonna. Il s'était habillé à la hâte et la fraîcheur matinale lui glaçait les os.

« Bbrrrrr...

— Ne t'inquiète pas, Hermie. Tu auras bien chaud durant la journée... Je te le promets. »

Indiana s'était renseigné sur le climat de la Turquie : les étés y sont torrides et la température à l'ombre atteint parfois les quarante degrés. Non, Herman, n'aurait pas froid durant cette expédition.

Le bateau fit encore retentir sa sirène, pour éviter tout risque d'accident. Mais soudain, une voix de stentor vint couvrir le sifflement de la vapeur.

« Junior ! »

Indy se retourna en levant les bras au ciel.

« Papa, je t'ai déjà demandé de ne pas m'appeler par ce nom, gémit-il.

— Mais c'est le tien, mon garçon. Henry Jones, *Junior* », répondit le professeur.

Au bout de quatorze ans de vie commune, il ne parvenait toujours pas à comprendre certaines des réactions de son fils.

« Je préfère Indiana, voilà tout, grommela Indy, obstiné.

— Je sais, je sais ! s'exclama le professeur d'un air excédé. C'était le nom-de-notre-chien-qui-est-mort-pour-te-sauver-la-vie. »

Indy baissa les yeux, ému au souvenir de cet animal courageux qui s'était sacrifié pour lui.

« Je lui dois bien cela, tu ne crois pas ?

— Peut-être, peut-être, s'impatienta le professeur. Quoi qu'il en soit, vous feriez mieux d'aller préparer vos bagages, Herman et toi. Nous allons bientôt accoster.

— Mes affaires sont déjà prêtes, répondit Indy. Et les tiennes, Hermie ? »

Comme aucune réponse ne venait de sa droite, Indy tourna la tête. Et le spectacle qu'il vit alors valait tous les numéros de clowns : un doigt sous les narines, les yeux exorbités, Herman semblait au bord de l'explosion.

« AAAAATTTTCCCCHHHHHOOOOOO-UUUUUUMMMMMMMMMMMM ! » fit-il enfin.

Le malheureux navire en trembla de la cale à la cheminée...

2
Un étrange manège

Quatre heures plus tard, les trois voyageurs étaient installés à l'hôtel Pera Palace, sur les hauteurs de Beyoglü, le quartier cosmopolite et élégant de la ville. C'était un bâtiment splendide d'où l'on apercevait toute la cité, avec ses mosquées aux coupoles étincelantes.

Indiana s'était posté près de la fenêtre et contemplait la Corne d'Or, ce bras de mer qui sépare Istanbul en deux. La surface de l'eau scintillait sous le soleil de midi.

« Regarde, Herman ! s'écria Indiana avec enthousiasme. Le pont de Galata.

— Où donc ?

— Là-bas ! Ma parole, tu dois être aveugle. »

Herman adopta l'expression typique de la désolation. Que lui importait le pont de Galata quand un lit moelleux lui lançait cet appel irrésistible ?

« Observe ces malheureuses créatures, Hermie, reprit Indiana en montrant du doigt des porteurs écrasés sous d'énormes charges. De véritables bêtes de somme ! »

L'œil d'Herman se mit à briller d'envie.

« Tu veux dire qu'ils dorment toute la journée ? »

Indiana décocha un regard noir à son compagnon. Tout de même, l'ignorance avait des limites...

« Mais non, ils ne passent pas leur temps à faire des sommes, les pauvres. Ce sont des *hamals*. Ils sont exploités par les marchands. A notre époque, c'est un scandale ! »

La porte de la chambre s'ouvrit toute grande. Le professeur Jones, la moustache en bataille, était déjà sur le sentier de la guerre.

« Juni... Hum... Indiana ! Je dois me rendre immédiatement à la bibliothèque. Ecoutez-moi bien, tous les deux : j'espère que je peux vous faire confiance. Promettez-moi d'être prudents et de ne pas vous perdre dans le Grand Bazar.

— Le Grand Bazar ? demanda Herman.

— On peut y acheter toutes les merveilles du monde : tapis d'Orient, fruits exotiques... mais nous n'avons pas d'argent de poche, expliqua Indiana en faisant la grimace.

— Ainsi, vous ne serez pas tentés de le

dépenser», répliqua le professeur avec un petit sourire narquois.

Puis il tourna les talons, trop impatient de rejoindre ses livres bien-aimés. Sitôt la porte refermée, Herman se laissa choir sur le grand lit de la chambre. Une fois allongé, il poussa un soupir de soulagement.

«J'ai cru que je n'allais jamais réussir à me coucher, aujourd'hui.»

Un large sourire éclaira sa face réjouie.

«Bon, pas une minute à perdre! s'écria alors Indiana. En route!

— En route! gémit Herman, qui n'en croyait pas ses oreilles. Mais où va-t-on encore?

— Allons, Grincheux! Tu ne t'imagines tout de même pas que nous allons rester enfermés dans une chambre d'hôtel en plein Istanbul. Nous avons un million d'endroits à visiter. Debout!»

C'est donc un Herman récalcitrant qui se laissa entraîner par Indiana vers le quartier de Stamboul où se trouvait le Grand Bazar. Ils franchirent d'abord le pont de Galata et se retrouvèrent sur l'autre rive de la Corne d'Or.

Une foule bigarrée se pressait dans les rues. Les deux amis déambulèrent entre les jardins et les mosquées aux façades décorées de faïences jusqu'au Grand Bazar.

C'était une véritable cité de magasins qui s'ouvrait devant eux. Au centre de ce labyrinthe, Indiana eut la joie de découvrir le Bedesten, marché aux puces où s'entassaient des trésors de toutes sortes.

Il ne se lassait pas de contempler les armes antiques et les bijoux aux formes étranges, mais Herman commençait à être fatigué de cette longue promenade.

« J'ai l'estomac dans les talons, grogna-t-il.

— Nous mangerons très bien ce soir, j'en suis sûr », fit Indy d'une voix rassurante.

Ils s'en retournèrent vers le pont de Galata.

« Regarde tous ces navires de guerre ! s'exclama Indiana. Voici un pavillon anglais, poursuivit-il en désignant le drapeau qui flottait dans la brise sur l'un des cuirassés. Et voilà un pavillon français.

— Pourquoi y en a-t-il tant ? demanda Herman, dont la curiosité avait été piquée.

— Vois-tu, Hermie, toutes les puissances européennes ont des intérêts en Turquie. Les Anglais, les Français, les Allemands, les Russes... Ils veulent que la Turquie soit de leur côté au cas où ils se feraient la guerre.

— Aucun risque, répliqua doctement Herman. Papa dit qu'une guerre mondiale est impossible. Réfléchis, Indy : nous sommes en

1914. Le monde est trop civilisé pour s'autodétruire.

— Que tu dis... Moi, je n'en suis pas si convaincu. La Turquie n'est en paix que depuis un an, et nous sommes bel et bien au cœur d'une poudrière... », dit Indiana en portant les yeux vers les canons qui sortaient du ventre des navires.

A ce moment, l'attention du jeune garçon fut attirée par une petite barque blanche. Elle venait d'être mise à l'eau depuis un grand cuirassé gris battant pavillon russe. Une fois installés à bord de la barque, les marins se mirent à ramer.

« Tiens, c'est bizarre », commenta Indiana.

En effet, le canot n'avait pas mis le cap sur le quai. Il semblait plutôt se diriger tout droit vers une autre embarcation, qui attendait au beau milieu de la baie.

« Je me demande ce qu'ils fabriquent, murmura Indy.

— Hein ? Quoi... ?

— Regarde l'homme qui se trouve dans la seconde barque », ordonna Indy.

L'homme en question aurait eu du mal à passer inaperçu. Non content de dépasser les deux mètres, il était bâti comme un boxeur et devait peser dans les cent cinquante kilos. Son visage couvert d'une barbe noire hirsute émergeait d'un costume tout aussi noir. La

quantité de tissu utilisée pour le fabriquer aurait sans doute suffi à vêtir trois individus de taille normale.

« Indy, pourrais-tu m'expliquer en quoi ce marin t'intéresse ? demanda Herman. Nous ferions mieux de nous occuper de nos affaires.

— Qui vivra verra..., répondit Indy.

— C'est le mot », gémit Herman.

Le colosse avança la main pour saisir une sacoche de cuir que lui tendait le commandant de la première embarcation. Celle qui avait été mise à l'eau depuis le navire de guerre russe. Une fois la « livraison » effectuée, chacune des barques repartit de son côté, l'une vers le cuirassé, l'autre vers le quai.

« Je commence à croire qu'Istanbul est fidèle à sa réputation, lança Indy.

— Et puis-je savoir quelle est cette réputation ? demanda Herman.

— Oh, c'est un repaire d'espions, de trafiquants internationaux, de brigands de tout poil.

— C'est le cas de le dire, commenta Herman en songeant au géant à la barbe noire.

— J'aimerais en savoir davantage sur ce personnage étrange.

— Pas question ! » fit Herman avec toute l'autorité dont il était capable.

Mais Indiana était déjà parti. Sans protester davantage, Herman accepta son sort en traînant les pieds.

Les deux compères gagnèrent l'autre rive de la baie, vers laquelle se dirigeait la seconde barque. Une fois sur place, ils firent semblant d'examiner les marchandises d'un vendeur de bibelots. Quelques instants plus tard, la barque accosta.

Le colosse barbu mit pied à terre, la sacoche de cuir à la main. Les « détectives » en culotte courte n'eurent aucun mal à le suivre dans la foule : il dépassait tout le monde de deux bonnes têtes. Au bout d'un moment, Herman fronça les sourcils.

« Tu sais, remarqua-t-il, cette rue me paraît bien familière.

— Tu as raison, Hermie. Nous nous dirigeons tout droit vers notre hôtel.

— Et... mais... ma parole ! Le barbu pénètre à l'intérieur.

— Nous avons de la chance, murmura Indy. Nous pourrons peut-être découvrir le numéro de sa chambre à la réception. »

Mais au grand soulagement de Herman, Indy n'eut pas le temps d'aller jusqu'à la réception. Son père, qui attendait dans le hall, interrompit net ses investigations.

« Vous voilà enfin ! tonna-t-il sous les yeux

horrifiés du groom. J'espère que vous avez faim. »

Une lueur d'espoir brilla dans les yeux de Herman, qui n'était pas habitué à jeûner.

« Nous pourrions manger un morceau, admit Indiana. Qu'en dis-tu, Herman ?

— Oh... oui, oui. Avec plaisir.

— Mais pourquoi dîner si tôt ? Il n'est que six heures, s'étonna "Junior".

— C'est que nous devons partir à l'aube demain matin, répondit le professeur, pour une promenade de 750 kilomètres ! La bibliothèque ne possède pas les livres que je recherche. Ils se trouvent à Konya, une ville perdue au cœur du plateau d'Anatolie. Le voyage dure toute la journée et une partie de la nuit, et notre train part à cinq heures du matin. »

L'allégresse nouvelle d'Herman céda aussitôt la place au désespoir. Cinq heures du matin ? Mais quand diable pourrait-il faire la grasse matinée ?

Le dîner fut agrémenté d'un spectacle destiné à faire profiter un peu les étrangers de la « couleur locale ». Une femme vêtue d'une tenue multicolore qui dénudait son ventre fit son entrée au milieu du repas. Elle avait le visage recouvert d'un voile.

Aux accents charmeurs d'une mélodie orientale, elle se mit à onduler avec lenteur.

Herman, absorbé par la dégustation d'un shish-kebab, ne leva pas le nez. Quant au professeur Jones, il était plongé dans un vieux grimoire consacré aux Croisades.

Seul Indy observa avec intérêt la science du mouvement manifestée par la danseuse. Elle parvenait à faire remuer les muscles de son ventre au rythme de la musique. Derrière son voile transparent, Indy apercevait deux yeux rieurs, qui scintillaient dans la pénombre.

Le rythme de la mélodie s'accéléra, tout comme celui des contorsions de la jeune femme. Ses bras décrivaient de grands arcs de cercle et ses longs doigts effilés semblaient caresser l'air.

« Eh bien, tu ne manges pas, Junior ? » fit le professeur, qui par extraordinaire avait levé le nez.

Fasciné par le spectacle qui leur était offert, Indy en oublia de reprendre son père. Le professeur enleva ses lunettes, observa la danse un instant, puis secoua la tête.

« Mange, mon fils. »

Puis il rechaussa ses lunettes et se replongea dans sa lecture.

Les mouvements de la jeune femme, de plus en plus rapides, faisaient frémir tout son corps. Après avoir avalé une bouchée de kebab, Indy se concentra de nouveau sur elle. Non sans surprise, il nota que la danseuse se déplaçait vers eux. Il faut dire qu'à cette heure, ils étaient les seuls clients du restaurant.

Avec une lenteur calculée, elle s'approcha de leur table. Les muscles de son ventre se livraient désormais à une sarabande incroyable. Indy, éberlué, ne pouvait s'arracher à la contemplation de ce spectacle.

Puis, relevant les yeux, il resta un moment bouche bée, la fourchette en suspens. En effet, derrière leur voile, on aurait dit que les lèvres vermillon lui adressaient un sourire. Indy sentit sa gorge se serrer. La danseuse n'était plus qu'à un mètre de la table...

Soudain, elle se mit à tournoyer sur elle-même et Indy sentit un bras effleurer ses cheveux, puis ses épaules.

C'est alors que la musique s'arrêta. Indy applaudit à tout rompre. Herman, qui ne voulait pas être en reste, fit de même. Mais le professeur préféra ignorer ces débordements d'enthousiasme, et se contenta de hausser les épaules en grommelant.

Peu après, les trois globe-trotters épuisés regagnèrent leurs chambres respectives. Après quelques bâillements et éternuements d'usage, Herman fut le premier à se glisser entre les draps.

Indy s'était brossé les dents et s'apprêtait

lui aussi à prendre un repos bien mérité lorsque...

« Mais... qu'est-ce que c'est que ça ? s'exclama-t-il.

— Hein ? Quoi ? marmonna Herman, à moitié endormi.

— Un petit papier rose vient de tomber de la poche de ma chemise. »

Il le déplia à la hâte.

« Il y a un message dessus.

— Un message ? s'écria Herman.

— Chut ! fit Indiana en appliquant un doigt sur sa bouche. Ne fais pas tant de bruit. »

Il déchiffra les quelques mots rédigés d'une main maladroite et leva les yeux vers Herman.

« Alors ? s'enquit ce dernier, au comble de l'impatience.

— J'ai bien l'impression qu'on nous met en garde, Hermie. Je te lis le texte du message : " LA CURIOSITÉ EST UN VILAIN DÉFAUT. QUI VEUT TROP EN SAVOIR MET SA VIE EN DANGER. "

— Gloup ! » fit Herman, avant d'enfouir la tête sous son oreiller.

Mais Indy ne l'entendait pas de cette oreille.

« Eh bien, je crois qu'il nous faut tirer cette affaire au clair. Hermie, l'aventure ne fait que commencer ! »

3
Gargantua

Le lendemain matin, les trois voyageurs arrivèrent à la gare dix minutes à peine avant le départ du train pour Konya. D'épais nuages de fumée âcre s'élevaient déjà de la locomotive. Torse nu, un mécanicien fort comme le Turc qu'il était jetait des pelletées de charbon dans la chaudière.

Le professeur Jones tendit sa valise à un porteur, qui les conduisit jusqu'à leur compartiment. A l'intérieur, ils aperçurent quatre fauteuils de peluche dont la couleur rouge avait connu des jours meilleurs.

« Au moins, nous avons une place de plus, commenta Herman. L'un d'entre nous pourra allonger ses jambes et faire un somme...

— Oui, je me demande bien qui, répondit Indy le plus sérieusement du monde.

— Euh... mais... enfin... » balbutia Herman, qui s'était soudain transformé en statue vivante de la désolation.

Indy lui adressa un clin d'œil malicieux.

« Du calme, gros nounours. Allez, fais de beaux rêves ! »

Un large sourire vint illuminer le visage rose de Herman.

« Je ferai de mon mieux », promit-il avant de s'étirer et de fermer les yeux.

Le professeur avait déjà ouvert un livre, et Indiana ne fut pas long à l'imiter.

Bientôt, le train s'ébranla et, bercé par le rythme lancinant du convoi, Herman succomba vite au sommeil.

Mais il ne s'était pas plus tôt endormi que la porte du compartiment s'ouvrit avec fracas.

Une silhouette impressionnante vint alors s'encastrer dans le chambranle. Une silhouette familière. Celle d'un homme mesurant plus de deux mètres, qui devait peser dans les cent cinquante kilos. Son visage était couvert d'une barbe noire hirsute et il tenait à la main une sacoche de cuir.

Le mystérieux arrivant dévisagea un à un les trois occupants du compartiment avec un rictus de satisfaction. Herman sentit un filet de sueur froide couler lentement le long de son dos.

«*Deutsch? English? Français?*» demanda le colosse barbu.

Le professeur Jones consentit à lever le nez de son livre.

«Nous sommes américains, fit-il très digne.

— Moi, je suis russe. Je me présente : Fyodor Rostov, marchand de tapis. Mais attention! De qualité. A votre service, messieurs.»

Attrapant une énorme malle, il la souleva comme s'il se fût agi d'un carton rempli de plumes.

«Je m'appelle Henry Jones, répondit le professeur, quelque peu agacé par cette intrusion malvenue. Voici mon fils, Henry Junior. Et son camarade, Herman Müller.

— *Indiana,* corrigea "Junior".

— Ah, vous venez de l'Etat d'Indiana? demanda Rostov.

— Non, c'est mon nom. Enfin... mon surnom.

— Je comprends. Moi, mes amis m'ont surnommé Gargantua. Je ne sais vraiment pas pourquoi.»

Il éclata d'un rire caverneux, découvrant une rangée de dents en or.

«Et vous... camarade Müller, vous avez un surnom?

— Gloup! laissa échapper Herman, qui tremblait de tous ses membres.

— Gloup ? s'exclama Gargantua. En voilà un drôle de sobriquet ! »

Herman rentra le cou dans les épaules. Puis Rostov entreprit de loger son vaste postérieur sur le siège disponible. Cette délicate opération menée à bien, sous l'œil exorbité de Herman, Rostov se tourna vers le professeur.

« Vous vous rendez à Konya ? C'est plutôt inhabituel pour des Américains.

— J'effectue une étude sur les Croisades, expliqua le professeur. Certains ouvrages rares se trouvent dans la bibliothèque de cette ville.

— Je vois, je vois... » commenta Rostov en se caressant la barbe.

Indy lança un coup d'œil lourd de sous-entendus à Herman. *Prends garde,* disait-il, *ne révèle pas à Rostov ce que nous savons à son sujet.*

« Konya est un endroit très différent d'Istanbul, vous savez ? reprit Rostov. Ses habitants n'ont pas l'habitude des étrangers. En vérité, ils s'en méfient. Et ils peuvent se montrer hostiles. *Très* hostiles. »

Du bout des doigts, il tapota la sacoche de cuir.

« Oh, je n'en crois rien, fit Indy.

— De toute façon, nous nous cantonnerons dans la bibliothèque, interrompit le professeur. Nous ne risquerons rien.

— Oh, mais papa..., gémit Indy. Tu nous as promis de nous laisser quartier libre pour aller admirer les derviches tourneurs.

— Les derviches tourneurs ?» demanda Herman.

Quelle était cette nouvelle lubie ? Où Indy avait-il été chercher pareille idée ?

« Ce sont des religieux qui font partie d'une secte musulmane. Ils tournoient sur eux-mêmes pour approfondir leur méditation. Regarde, j'en ai une photo dans mon livre sur la Turquie. »

Herman se pencha pour apercevoir un homme vêtu d'une grande robe blanche et portant une sorte de cône sur la tête. La partie inférieure de la robe, gonflée d'air, suggérait qu'il tournait sur lui-même.

« Hum... eh bien... nous en reparlerons, répondit le professeur, soudain embarrassé.

— Papa, tu avais promis... »

Rostov émit un petit gloussement, qui eut pour effet de créer des remous à hauteur de son triple menton.

« Mon garçon, certains derviches ont... mal tourné. Je ne te les recommanderais pas. Tu ferais mieux de t'en méfier.

— Vraiment ? fit Indy d'un air soupçonneux.

— Vraiment, insista le colosse en riboulant des yeux. Je sais que tu as le goût de l'aventure. Et une imagination fertile. Je dois dire que je me suis bien amusé, hier après-midi, quand je me suis aperçu que vous me suiviez.

— Vous nous avez *vus*? s'écria Indy, tout décontenancé par cette révélation.

— Bien sûr, petits naïfs!»

Et il fut de nouveau secoué d'un rire homérique.

«Un marchand se doit d'ouvrir l'œil, et le bon. Je transporte souvent de grosses sommes, et les filous courent les rues. Je vous ai remarqués tout de suite. Avec vos vêtements occidentaux, même un aveugle vous aurait repérés. Ha! Ha! Ha!»

De nouveau, il fit courir ses doigts boudinés sur la sacoche de cuir.

«Je suis sûr qu'en voyant l'officier russe me remettre cette sacoche, vous avez cru avoir affaire à un réseau d'espionnage ou à quelque trafic suspect. Voilà ce qui arrive quand on lit trop de romans d'aventures.»

Herman suait à grosses gouttes. Quant à Indy, il s'efforçait de ne pas croiser le regard de son père, dont les sourcils trahissaient maintenant une intense fureur.

Les lèvres charnues de Rostov dessinèrent un sourire carnassier.

«En réalité, cet officier ne faisait rien d'autre que de me payer. J'ai vendu des tapis à l'amiral Popov, pour décorer sa cabine.

— J'espère que ces chenapans ne vous ont pas dérangé, s'excusa le professeur Jones, livide de colère.

— Pas le moins du monde, susurra Gargantua. Nous avons tous été jeunes... »

Herman tenta de se représenter mentalement l'image de Rostov dans ses langes, mais il abandonna aussitôt. Son imagination n'était pas assez développée.

« J'espère que ce camouflet vous servira de leçon ! tonna le professeur. Vous n'avez pas tenu votre promesse. Si vous recommencez, je ne tiendrai pas la mienne, et vous passerez tout notre séjour à Konya enfermés dans la bibliothèque. Espèces de petits misérables ! »

Indy baissa les yeux.

« Nous ne recommencerons plus, papa, je te le promets.

— J'espère bien, répondit le professeur.

— Moi aussi, renchérit Rostov avec une lueur mauvaise dans le regard. Croyez-moi, il serait très dangereux pour des garçons comme vous de vous promener seuls dans certains quartiers de la ville. »

Le soir venu, au terme de cet interminable voyage, Herman n'avait qu'une hâte : se coucher et enfouir la tête sous son oreiller.

« Décidément, tout le monde nous met en garde, remarqua Indiana. Hier, la danseuse du ventre, et aujourd'hui, le ventre sur pattes.

Le surnom de Gargantua lui va comme un gant. Tu ne trouves pas, Hermie?

— Oumph... »

Indy se tourna pour apercevoir une boule humaine complètement immobile.

« Ton problème, Hermie, c'est que tu adoptes toujours la politique de l'autruche. Pour éviter le danger, tu enfouis ta tête dans le sable : comme ça, évidemment, tu ne vois rien venir. Mais le danger est toujours là. Et si tu ne réagis pas, nous allons être mangés tout crus. »

Cette fois, Hermie jugea prudent d'intervenir.

« Ecoute, Indy. Si nous restons tranquilles, il ne peut rien nous arriver. Alors, restons tranquilles, veux-tu ? »

Indy haussa les épaules.

« Tu n'es qu'une tête de linotte. A l'évidence, Gargantua a quelque chose à cacher. C'est pour cette raison qu'il a voulu nous éloigner. Notre mission, c'est de découvrir quoi. Nous allons partir en croisade, nous aussi. »

Puis il se glissa entre les draps.

« Dormons. Nous aurons besoin de toute notre énergie demain. »

4

Et le derviche tournait...

Le lendemain matin, Herman fut réveillé en sursaut par une suave musique.

« Allez, debout là-dedans ! hurlait Indiana. Il est midi passé. Enfile ces vêtements. »

Une chemise de coton blanche et un vieux pantalon troué atterrirent sur le visage d'Herman, tout bouffi de fatigue. Encore ensommeillé, il finit par ouvrir un œil.

« Où as-tu déniché ces guenilles, Indy ?

— Au Grand Bazar.

— Elles étaient en solde ? »

Indy posa les mains sur ses hanches.

« Mais non, gros malin. Je les ai échangées contre ton chapeau de cow-boy. Ainsi, nous aurons l'air de Turcs, tu comprends ? Et de plus, nous marcherons pieds nus, comme les enfants de la rue.

— Tu les as échangées contre... QUOI ?!!!»

Indy avait toujours le chic pour donner un choc à Herman lorsqu'il venait à peine de se réveiller. Ce dernier, outré, ne put réprimer un bâillement, signe indubitable de sa colère.

Avoir l'air d'un Turc et marcher pieds nus : voilà un programme qui ne l'enchantait guère. Mais troquer son chapeau de cow-boy contre des haillons! C'était le comble! Indy devait être tombé sur la tête.

« Tu aurais au moins pu l'échanger contre un tapis volant, maugréa Herman. J'en ai assez de tes... de tes... turqueries! »

Fidèle à lui-même, Indiana fit la sourde oreille. Quelques instants plus tard, tous deux se glissaient hors de l'hôtel, foulant de leurs pieds nus le riche tapis d'Orient du hall d'entrée, qui par malheur ne volait pas.

Le portier les regarda d'un air soupçonneux. Son nez s'allongea, inquisiteur. Mais il les laissa passer sans mot dire.

« Il nous a pris pour des Turcs », chuchota Indy, d'un air triomphant.

En apparence, c'était leur jour de chance. En effet, à peine furent-ils dans la rue que le visage d'Indy s'éclaira d'un large sourire.

« Herman, tu vois ce que je vois? »

A une cinquantaine de mètres sur leur gauche, un homme coiffé d'un chapeau en forme de cône et vêtu d'une longue robe

blanche avançait dans la foule à petits pas rapides.

« Un derviche ! s'écria Indy. Suivons-le, nous pourrons peut-être le voir en action ! »

Herman leva les yeux au ciel.

« Indy, nous avons promis d'être prudents. Tu as déjà oublié ?

— Ne t'inquiète donc pas tout le temps. Nous ne prendrons aucun risque. »

Ils se frayèrent un chemin au fil des rues populeuses, entre les rangées de *hamals* ployant sous leurs charges inhumaines. Chameaux, chevaux et chèvres se disputaient les maigres reliefs du repas de leurs maîtres.

Soudain, le derviche pénétra dans une petite maison aux murs blancs. Au grand désarroi d'Herman, Indy accéléra le pas. Une fois à hauteur de la maison blanche, il actionna la poignée de la porte. Son compagnon ne put retenir un couinement de terreur.

« Pour l'amour du sultan Mehmet Resat, qui règne présentement sur l'Empire ottoman, arrête de t'inquiéter, chuchota Indy. Je vérifiais seulement que la porte était ouverte. »

Il marqua un temps d'arrêt.

« Elle *est* ouverte. Allons jeter un coup d'œil à l'intérieur. Si quelqu'un nous surprend, nous expliquerons que nous sommes des touristes égarés.

— Mais Gargantua a dit qu'ils n'aimaient pas beaucoup les touristes, dans ces parages», gémit Herman, affolé.

Indy se retourna vers son ami.

«Ecoute, mon vieux. Dans la vie, il faut savoir prendre des risques. Autrement, on n'arrive jamais à rien.

— J'aimerais mieux prendre des risques dans mon lit», insista Herman.

Mais Indy refermait déjà la porte derrière eux. Ils se trouvaient maintenant dans une pièce vide, aux murs aussi blancs que le visage d'Herman. Seules touches de couleur : les motifs du tapis persan disposé sur le sol.

«C'est un tapis de prière», expliqua Indy.

Il se pencha pour l'étudier de plus près.

«Regarde cet arbre sans feuilles, Herman. C'est un arbre de vie.»

Puis il sortit une boussole de sa poche.

«Il devrait être pointé vers le sud-est, en direction de La Mecque, la ville sainte des musulmans. Mais curieusement, ce n'est pas le cas. Bizarre...

— Allons-nous-en, Indy. D'abord le Bazar, et maintenant le bizarre. Tout cela ne me dit rien qui vaille», fit Herman d'une voix plaintive.

Indy s'était accroupi. Il s'apprêtait à soulever le coin du tapis lorsqu'il s'aperçut que ce dernier était fixé au sol. Comme s'il servait à dissimuler quelque chose.

« Et pan dans le mille ! s'écria Indy. Je m'en doutais : il y a une trappe ! »

De sa lampe de poche, il éclaira un escalier plongé dans l'obscurité, qui semblait s'enfoncer dans les ténèbres. Hermie regarda son ami d'un air horrifié.

« Nous... nous... n'a... n'a... llons... pas... pas... descendre ? Hein... Indy ? »

Quelques secondes plus tard, les deux garçons étaient parvenus au bas des marches. Le silence régnait dans les entrailles de la maison.

Toutefois, en tendant l'oreille, on pouvait discerner deux bruits distincts. Herman claquait des dents, et des chants religieux se faisaient entendre derrière une porte close, au bout d'un couloir profond.

« Par ici, Hermie. »

Et Indy partit à grandes enjambées. Arrivé devant la porte, il se retourna.

« Dépêche-toi, froussard !

— Indy... n... n... non... »

Mais déjà, l'intrépide « Junior » avait entrebâillé la porte de bois. Tous deux glissèrent la tête à l'intérieur. Quand ils virent ce qui s'y passait, ils ouvrirent des yeux ronds.

Au centre d'une pièce immense, où brûlaient des centaines de cierges, le derviche tournait sur lui-même. Lentement, d'abord, puis de plus en plus vite.

Devant lui, une vingtaine de spectateurs entonnaient une étrange mélopée. La statue d'un homme monstrueux, la main gauche tendue, dominait l'assemblée.

Dans cette main, les deux garçons aperçurent un poignard géant. Herman recula d'un pas. Indy, pour une fois, l'imita sans se faire prier.

« Décidément, commenta Hermie, ces Turcs sont de vraies toupies. D'abord, la danseuse, et maintenant ton derviche !

— Tssttt, tssttt..., répondit Indy en secouant la tête. Ce n'est pas un véritable derviche tourneur.

— Qu'est-ce que tu racontes ? » s'écria Herman, éberlué.

Indy mit un doigt sur ses lèvres. Il lui avait semblé entendre un craquement derrière eux. Se retournant vivement, il dirigea le faisceau de sa lampe de poche vers les profondeurs de la galerie souterraine.

Mais il ne pouvait rien distinguer. Sans doute un rat, songea-t-il.

« Tu vois cette statue, Hermie ? reprit Indy. C'est ce qu'on appelle une idole. Le seul problème, c'est que les musulmans ont horreur des idoles.

— Comme je les comprends..., fit Herman. Mais alors, qui est cette espèce de girouette? Et qui sont ces chanteurs d'opérette?

— Je n'en sais rien, répondit Indy. Mais j'ai bien l'intention de... »

A ce moment précis, Indy fut interrompu. Une large main venait de se poser sur son épaule... Et une autre s'abattit peu après sur l'épaule d'Herman.

« Gloup! » entendit-on dans l'obscurité.

5

Pris au piège!

Pris au piège, les deux compagnons n'osèrent tout d'abord pas dévisager le propriétaire des deux étaux qui menaçaient de briser net leurs clavicules.

Mais la curiosité d'Indy l'emporta sur sa crainte, et il tourna la tête. Ma parole, mais c'était...

« Rostov ! s'exclama Indy. Qu'est-ce que vous... ?

— C'est moi qui pose les questions, rugit Gargantua. Vous, vous répondez... Ha ! Ha ! Ha ! Je vous avais pourtant dit de vous méfier de certains derviches... Ha ! Ha ! Ha ! »

Puis il poussa ses deux prisonniers à l'intérieur de la grande salle. En les voyant entrer, le faux derviche interrompit sa giration et les voix des chanteurs se turent.

D'un signe de la main, le derviche renvoya l'assistance. Tous quittèrent la pièce à petits pas. Sans ménagements, Rostov colla les deux intrus le dos au mur.

« Décidément, je ne peux plus faire un pas sans tomber sur vous deux ! s'exclama-t-il, les bras croisés sur une poitrine des plus spacieuses.

— Le monde est petit, plaisanta Indy. Et les grands esprits s'y rencontrent... »

Mais Gargantua n'avait pas le sens de l'humour.

« Pour qui espionnez-vous ? demanda-t-il.

— Nous n'étions pas en train d'espionner, répondit Indy. Nous sommes seulement... curieux. Vous connaissez les touristes. Toujours à l'affût du pittoresque. Mais naturellement, si nous vous avons offensé, nous le regrettons. Nous vous présentons toutes nos excuses. Vraiment...

— Vous n'avez pas fini de le regretter, fit Rostov d'une voix menaçante. Surtout si vous vous moquez de moi !

— Mais... mais nous... n... nous... », balbutia Herman.

Rostov bomba le torse, tel un ogre en furie prêt à dévorer ses victimes.

« Je vous ai *vus* sortir de l'hôtel déguisés. Je vous ai *vus* suivre le derviche, et je vous ai *vus* pénétrer dans cette maison par effraction. »

Herman suait à grosses gouttes, mais Indy

ne se laissa pas démonter. Il voulait en savoir plus sur son geôlier.

« Diable, c'est vous qui êtes un sacré espion! Je me demande qui *vous* emploie...

— Voyez-vous ça! tonna Gargantua. Tu veux jouer au plus fin avec moi. Qu'à cela ne tienne! De toute façon, mes secrets ne sortiront pas de cette pièce, si tu vois ce que je veux dire...

— Gloup! fit Herman.

— Sa Majesté Impériale, peut-être? risqua Indy.

— Tout juste, mon garçon. Tu as été à bonne école, je vois. C'est Nicolas II, le tsar de toutes les Russies, qui est mon maître.

— PPffiioouuu! répondit Indy, admiratif. Mais vous devez au moins être un comte, ou un grand-duc?

— Je me présente : Comte Igor Ivanovitch Stravsky, répondit Gargantua. Pour vous servir... Ha! Ha! Ha! »

L'écho de son rire caverneux se répercuta sur les parois de la grande salle. Indy avait beau se creuser les méninges pour trouver un moyen de s'enfuir, ses chances de succès étaient proches de zéro.

Impossible, pour commencer, de contourner le géant du Caucase. Et il ne fallait pas songer à l'assommer : autant essayer de déraciner un chêne...

Non, Indy était à court d'idées. Et pourtant, il fallait à tout prix gagner du temps.

C'est Herman qui vint à la rescousse.

« Vous ne pouvez pas faire ça, hurla-t-il, les yeux exorbités de peur. Nous sommes innocents ! Vous entendez : IN-NO-CENTS ! »

Jamais Indy n'avait vu Herman faire montre d'un tel courage. Quelle mouche l'avait soudain piqué ?

« C'est vrai, renchérit Indy, quoiqu'il ne fût guère convaincu de l'efficacité de la stratégie adoptée par Herman. Nous sommes innocents. Nous vous le jurons.

— Vous êtes des innocents aux mains pleines, susurra Gargantua, qui se délectait visiblement de ce qui allait suivre. Et vous allez être châtiés de votre témérité. »

A ce moment, l'impressionnant colosse sortit un revolver de sa veste.

« Votre dernière heure est arrivée, mes agneaux ! »

Le claquement de dents d'Herman évoquait à présent une joueuse de castagnettes atteinte de la maladie de Parkinson. L'heure était grave... Indy chercha désespérément un moyen de faire durer le compte à rebours, de gagner du temps.

« Géant, comme vous avez une grosse voix !... lança-t-il, avec l'ironie du désespoir.

— Ha! Ha! Ha! C'est pour mieux t'effrayer, mon enfant, répondit Gargantua, qui tout compte fait ne manquait pas d'humour... ni de culture.

— Géant, comme vous avez de grandes oreilles...

— Ha! Ha! Tu es irrésistible. C'est pour mieux t'entendre pleurer, mon enfant.

— Géant, comme vous avez un gros revolver... »

Le sort en était jeté, Indy et Hermie le savaient. Gargantua pointa le canon de son arme vers Indy. Dans une seconde ou deux, « Junior » quitterait pour toujours ce monde cruel. Hermie se tourna vers son ami, des larmes plein les yeux.

Cette fois, ils étaient allés trop loin. Que n'avaient-ils été fidèles à leur promesse? Que n'avaient-ils écouté les recommandations du professeur Jones?

Le doigt du géant appuya sur la détente du revolver.

« C'est pour mieux te t...

— Arrêtez! »

Herman manqua s'évanouir. Le derviche avait levé la main... Gargantua baissa son arme.

« Vous jurez que vous êtes innocents, mes garçons? demanda le derviche.

— Oui, monsieur... Votre Sainteté... Votre Grâce, nous vous le jurons. Croix de bois, croix de fer...» bafouilla Indy.

Herman, quant à lui, était trop occupé à claquer des dents pour songer à défendre sa peau.

«Je vous crois, dit le derviche. Vous êtes innocents, tous les deux. Deux jeunes innocents...»

Un rictus étrange apparut sur son visage. Et, au lieu de respirer de nouveau, Indy sentit un frisson d'effroi le parcourir.

Le derviche et Gargantua échangèrent alors un regard complice.

«Mmmm... mmmerci», marmonna enfin Herman.

Gargantua, loin de se mettre en colère, parut se réjouir de ce répit momentané accordé aux deux condamnés.

«Ne le remerciez pas trop tôt, fit-il d'une voix sifflante. Je n'ai pas dit mon dernier mot.»

Et son rire ébranla les murs de la grande salle, tel un coup de tonnerre avant l'orage...

6
Le roi Zed

« Assez, Igor, siffla le derviche. J'ai ce que je voulais. Maintenant, il est temps de passer à l'action. Il ne nous reste plus que quelques jours.

— Oui, Votre Majesté, répondit le comte Igor.

— " Votre Majesté " ? demanda Indy, interloqué au faux derviche. Vous êtes une espèce de roi, vous aussi ? »

« Sa Majesté » releva le menton.

« Une *espèce* de roi ? Je suis *le* Roi. Le Roi des Rois. Zed est mon nom.

— Le Roi des Rois, vraiment ? » fit Indy, feignant de n'être pas impressionné.

Puis il se tourna vers Gargantua.

« Mais votre tsar, monsieur le comte, n'est-ce pas lui le Roi des Rois ? » demanda-t-il.

Gargantua lui fit la grâce d'un large sourire, découvrant ses dents en or.

« Tu es vraiment un petit futé, Indiana Junior. Tu cherches à créer la discorde entre Sa Majesté et moi. Mais rassure-toi : le tsar et le roi Zed sont les meilleurs amis du monde. C'est d'ailleurs pourquoi je suis ici. Pour offrir au Roi toute l'aide dont il a besoin.

— Assez discuté, interrompit Zed. Ligote-moi ces deux fauteurs de troubles et prépare la caravane. Il nous faut partir à la nuit tombée.

— Vos ordres sont mes désirs, Votre Majesté », répondit Gargantua en inclinant la tête.

Zed quitta la salle et Gargantua entreprit de ficeler les deux garçons.

« Vous avez une chance extraordinaire, mes petits amis. Vous qui êtes si curieux, vous qui vous intéressez tant aux choses de ce monde... »

Il se rengorgea.

« ... Ce que vous allez voir, seuls quelques rares élus en ont été les témoins. Et en prime, vous allez entrer dans l'Histoire. Je suis sûr que le professeur Jones sera aux anges...

A ce moment, quatre hommes en cagoule entrèrent dans la salle, transportant deux tapis d'Orient. Sur un signe de Gargantua, ils les déroulèrent sur le sol et placèrent Indy dans le premier, Herman dans le second.

Une fois les deux camarades enveloppés, deux des hommes encagoulés leur assenèrent à chacun un coup de matraque sur le crâne. Aussitôt, les deux garçons eurent l'impression de se mettre à tournoyer, eux aussi, tels des derviches émérites... Puis, ce fut le néant.

Quelques instants plus tard, ou était-ce quelques heures, Indy se réveilla. Sentant qu'on le transportait, il ne put s'empêcher d'en éprouver du soulagement. Enfin, il allait sortir de ce lieu maudit...

Mais au bout d'un moment, il commença à éprouver le mal de mer, tant il était secoué.

« Un peu de douceur », protesta-t-il.

Pour toute réponse, on le jeta à terre.

« Ouille ! » fit-il d'un ton offusqué.

C'est alors que deux mains puissantes saisirent le tapis et entreprirent de le dérouler. Au terme de sa rotation, Indy se trouva nez à nez avec un chameau, qui le dévisageait avec curiosité.

A côté du chameau, Indy reconnut le comte Stravsky-Gargantua et le roi Zed. Tous deux étaient vêtus d'une djellaba, la tunique longue de couleur blanche qu'affectionnent tous les voyageurs du désert.

Disposés en cercle, plusieurs hommes armés jusqu'aux dents, habillés de la même façon, tenaient les prisonniers en respect. Indy tourna la tête et aperçut Herman. Ce dernier gisait immobile sur le sol, groggy.

« Debout, fainéant! ordonna Gargantua.

— Tout de suite, Monseigneur », balbutia Herman, un peu confus.

Après s'être péniblement relevé, il s'étira et ouvrit une large bouche pour bâiller.

« En route! s'écria Zed.

— Nous allons en voyage? demanda Indy.

— Chose promise, chose due, répondit Gargantua.

— Et je parie que nous partons vers l'est...

— Ta science n'en finit pas de m'étonner, Junior Jones. Ne t'inquiète pas : tu découvriras bien assez tôt quelle est notre destination.

— En selle! ordonna Zed. Nous n'avons pas de temps à perdre. Il nous faut gagner ma cité à temps.

— A temps pour quoi? demanda Indy. Vous organisez une petite fête? »

Cette fois, le Roi ne put retenir son hilarité.

« Une petite fête, c'est le mot, gamin!

— Et nous y sommes conviés? s'enquit Indy.

— Si vous y êtes conviés? fit le Roi. Mais

vous plaisantez, sans doute ? Vous en serez les *invités d'honneur...* »

Le voyage de la caravane dura toute la nuit, toute la journée du lendemain et encore la nuit suivante. Au petit matin du troisième jour, aux premiers rayons du soleil, Herman et Indy se virent offrir un spectacle grandiose.

« Il y en a des rochers ! s'exclama Herman.

— C'est le moins qu'on puisse dire », répondit Indy, abasourdi.

Ils pouvaient en apercevoir de toutes les formes, à perte de vue. Certains ressemblaient à des cheminées géantes, d'autres à des champignons monstrueux, d'autres encore à des chapeaux pointus.

« Celui-là irait bien à Gargantua », plaisanta Indy.

Herman gloussa, malgré l'angoisse qui lui tordait le ventre.

Le chameau qui les avait transportés docilement depuis Konya se mit à blatérer, comme s'il riait lui aussi.

« Où sommes-nous, Indy ? demanda Herman.

— Si je ne me trompe pas, nous nous trouvons près d'Ürgüp, en Cappadoce. C'est une région d'anciens volcans. Ils sont entrés en éruption il y a plusieurs millions d'années et une mer de lave brûlante a envahi les environs. Puis cette lave a refroidi pour former ces rochers. La pluie et le vent ont fait le reste.

— Bigre ! Tu en sais des choses... »

Soudain, Indy fit signe à Herman de se taire. Le garde qui les avait surveillés pendant le voyage venait de s'assoupir. L'occasion était trop belle. Les rochers constituaient une cachette idéale, et Indy avait plus d'un tour dans son sac.

Sous les yeux effarés d'Herman, il introduisit une main dans sa poche et en sortit un fouet.

« Où as-tu déniché... »

Mais Herman n'eut pas le temps de finir sa question. Indy cingla violemment le flanc du chameau, et celui-ci se lança au triple galop vers les rochers.

« Au secours ! » hurla Hermie, ballotté dans tous les sens.

Une balle siffla aux oreilles des fugitifs, et une autre fit voler en éclats l'arête d'un rocher. Heureusement, les deux cavaliers purent vite trouver protection dans une anfractuosité rocheuse.

« Maintenant, Hermie, nous allons jouer à cache-cache.

— Ch... chic alors ! »

Un autre coup de fouet, et le chameau sortit de sa cachette. Les détonations se multipliaient, et les voix des poursuivants se rapprochaient.

Le chameau blatéra de nouveau, mais cette fois pour exprimer son mécontentement, puis il s'arrêta et s'agenouilla.

Jamais il n'avait été si maltraité.

Les deux garçons se trouvaient désormais au milieu d'un enchevêtrement de rocs aux formes disparates.

« Je crois que nous irions plus vite à pied », fit Indy en descendant de chameau.

Il donna un coup de main à Herman, qui éprouvait visiblement quelques difficultés à mettre pied à terre. Soulagé de sa charge, l'animal se redressa. Jamais il n'eût osé espérer un dénouement si heureux...

Les deux fugitifs se dirigèrent alors vers un canyon étroit, qui séparait deux hautes parois rocheuses.

« Nous n'avons pas le choix, constata Indy. Droit devant, Hermie ! »

Ce dernier ne pouvait courir aussi vite qu'Indiana, et il fut rapidement essoufflé. Par chance, après quelques centaines de mètres, ils débouchèrent sur une vigne.

« Une vigne ! s'exclama Indy. Ma parole, le moindre lopin de terre est exploité, dans ces parages. »

Mais Herman ne s'intéressait guère aux méthodes agricoles des indigènes. En revanche, une idée lumineuse venait de germer dans son cerveau parfois fécond.

« Alors, c'est qu'il doit y avoir des gens, par ici, suggéra-t-il. Et ils pourraient peut-être nous aider. »

Il regarda autour de lui.

« Mais où sont-ils ? Je ne vois pas de maison. »

Indy réfléchit un instant, puis il fit claquer ses doigts.

« Bon sang, mais c'est bien sûr ! Regarde, Hermie. »

Il tendit le bras et lui indiqua une paroi rocheuse sur leur gauche.

« Tu vois ce que je vois ?

— Mais ma parole, j'ai la berlue ! C'est une porte ? Taillée dans le roc ? »

Herman resta bouche bée.

« Cette roche est friable, il est facile d'y creuser des habitations, expliqua Indy. C'est là que les gens du coin doivent habiter. On les appelle "troglodytes", je crois. »

Prenant leurs jambes à leur cou, les deux fugitifs se hâtèrent vers la mystérieuse porte. Une fois sur place, ils décidèrent qu'ils n'avaient pas le temps de frapper.

Bien leur en prit, car le bois vermoulu serait sans doute tombé en poussière.

Indy glissa la tête à l'intérieur.

« Ils doivent tous être nains, dans cette famille. Jamais vu un plafond si bas. Tu ne vas pas te sentir dépaysé, Simplet ! »

De nouveau, les sbires du roi Zed firent chanter leurs cordes vocales et le canon de leurs fusils dans un concert assourdissant. Sans plus réfléchir, Herman et Indy refermèrent la porte derrière eux.

Ils se trouvaient maintenant dans une pièce d'une propreté impeccable. Séduit par la simplicité du mobilier et par la beauté des tapis, Herman laissa échapper un sifflement admiratif. Mais Indiana lui donna un coup de coude.

« Indy, mais qu'est-ce qui te... »

Soudain, Herman comprit sa bévue. Dans l'ombre d'un lourd coffre de bois, il venait d'apercevoir deux yeux qui brillaient. Ceux d'une vieille femme habillée de noir. A côté d'elle, un nourrisson en tenue d'Adam dormait à poings fermés.

La vieille femme dévisageait les nouveaux arrivants, visiblement terrorisée. Ce fut au tour d'Herman de donner un coup de coude à son ami.

« Ton fouet, Indy !

— Oh... hum... pardon. »

S'empressant de ranger l'ustensile menaçant dans sa poche, il présenta ses paumes nues à la vieille femme, en signe de paix.

Mais les voix qui s'égosillaient derrière la porte n'apportaient certes pas un message de paix. A l'extérieur, on tambourinait avec force. Hermie crut bien que le bois allait céder sous la violence du choc.

«Je sais que vous êtes là! Rendez-vous! Vous êtes pris au piège!»

Cette voix aussi mélodieuse qu'un torrent en furie, c'était celle, bien sûr, de Gargantua...

7
Le « terrier »

Indy regarda autour de lui, dans le vain espoir de trouver une issue de secours. La porte de bois était maintenant à moitié défoncée. Zed et sa bande paraissaient bien décidés à reprendre leurs otages.

« Gloup ! gloup !

— Hermie, ce n'est pas le moment de flancher. Nous avons connu pire !

— Oui, mais cela devient une habitude », murmura Herman entre ses dents.

Les coups redoublèrent derrière la porte. La vieille femme ne bougeait pas d'un pouce, comme pétrifiée par la peur, elle aussi.

Soudain, contre toute attente, elle se mit à sourire à ces étrangers venus semer le trouble dans sa demeure. C'était le sourire édenté d'un visage fripé par les ans, mais Indy n'en avait jamais vu d'aussi beau.

Elle fit signe aux deux garçons de la suivre. Le bébé sous un bras, elle tira un rideau et les conduisit dans la cuisine.

La pièce semblait dénuée de toute ouverture. Aux murs pendaient des casseroles de cuivre. Dans la cheminée pourrissaient les restes d'un ancien brasier.

Mais la propriétaire alla jusqu'au mur du fond, auquel était accrochée une tapisserie aux couleurs vives. Elle souleva alors cette tapisserie pour révéler une porte encore plus petite que celle de l'entrée.

Derrière, Indy aperçut la lumière du jour, aveuglante comme la liberté retrouvée.

« *Tesekkur ederim,* dit-il.

— *Birsey degil* », répondit la vieille femme.

Puis elle toucha son front, son cœur et inclina la tête. Herman et Indy firent de même, avant de prendre la poudre d'escampette.

« Tu connais... le... turc ? demanda Herman, pantelant.

— Oh, seulement le B-A-BA. Bonjour et merci.

— Ppffiioooouuu... »

Mais leur échappée ne leur offrit qu'un répit de courte durée. De nouveau, ils étaient encerclés par les rochers, et bientôt ils seraient cernés par leurs poursuivants.

« Que suggères-tu, maintenant, Indy ?
— Abritons-nous derrière ce... »

Une balle vint s'écraser à leurs pieds, soulevant un nuage de poussière. Indy leva les yeux et identifia l'auteur du coup de fusil : l'un des sbires du roi Zed, perché sur un roc en forme de poire.

« Faisons le tour par ici, recommanda Indy. Mais prends garde à rester collé contre la paroi. Autrement, tu risques d'être atteint par une... »

Comme il parlait, une balle lui siffla aux oreilles et vint ricocher contre un gros caillou.

« Ouf ! Tu l'as échappé belle, Indy.
— Oui, ça sent le roussi dans les parages. Nous ferions mieux de vider les lieux au plus vite. »

Malheureusement, une autre mauvaise surprise les attendait. De l'autre côté du rocher, des dizaines d'hommes armés s'étaient disséminés dans tous les canyons, failles et autres anfractuosités disponibles.

« Nous sommes faits comme des rats, murmura Indy.
— Cette fois, notre dernière heure est bel et bien arrivée », renchérit Herman.

Mais Indy n'était pas encore décidé à baisser les bras. Il était peut-être à court de ressources, mais il pouvait encore mettre à profit son environnement.

Et cet environnement lui vint en aide sous la forme d'un... rat, justement.

Effrayé par les coups de feu, le rongeur s'était précipité dans une espèce de terrier, dissimulé au creux d'un buisson desséché.

« Tu vois ce que je vois, Hermie ?

— Mmmmooouuui. »

Comme un seul homme, les deux fuyards se précipitèrent vers le buisson en question.

« J'es...père que ces... bandits ne nous ont pas... encore repérés », fit Hermie, haletant.

Arrivés à destination, ils découvrirent avec stupeur que le « terrier » en question était de dimensions pour le moins inhabituelles.

« Ce n'est certainement pas ce rat qui a creusé un tel trou, commenta Herman. Il est assez grand pour qu'une personne s'y glisse !

— Tu as raison, Hermie. Nous sommes sans doute en présence d'une autre "issue de secours", aménagée par les gens d'ici pour s'enfuir en cas de danger. Ce boyau conduit sûrement à une galerie souterraine.

— Je vois. De quoi se cacher en attendant que l'orage s'apaise.

— Tout à fait, Hermie, on ne saurait mieux dire. »

Il adressa un sourire en coin à son camarade.

« Alors, qu'attendons-nous ? »

A ces mots, le visage réjoui d'Herman changea du tout au tout. A une expression de béatitude succéda celle de l'angoisse.

« Comment ? Tu veux descendre là-dedans ? Tu n'y penses pas ! »

Indy leva les bras au ciel. Parfois, force lui était de constater que son meilleur ami était totalement dénué, disons... de présence d'esprit.

« Evidemment que nous allons descendre, espèce de poule mouillée ! »

Une autre balle siffla à leurs oreilles, comme pour achever de convaincre Herman.

« Et nous ferions mieux de nous dépêcher.

— Mais... Indy... il y a peut-être des rats à l'intérieur, et... des serpents. »

Ce fut au tour d'Indy de changer d'expression. Son teint avait soudain viré au blanc crayeux.

« Des *serpents* ? Je n'y avais pas songé, fit-il, la gorge nouée.

— Tu peux en être sûr, Indy. »

Sautant sur l'occasion, Herman prit sa revanche.

« C'est leur habitat naturel, tu sais ? Je me demande si on trouve des serpents à sonnettes, en Turquie. Ou des cobras. Tu crois qu'il y a des vipères, aussi?

— Ecoute, Hermie, changeons de sujet, O.K.?»

Une sueur froide le baignait, malgré la chaleur qui montait déjà.

«Ces types vont arriver pour fouiller dans les buissons d'ici une minute ou deux. Alors, tu as le choix entre ce trou ou un trou plus confortable... mais dont tu ne ressortiras jamais. Pigé?

— Vu sous cet angle-là..., concéda Herman. Mais tu passes en premier. Après tout, c'est ton idée.

— D'accord, d'accord», s'impatienta Indy.

Mais, malgré les apparences, il n'était nullement pressé de s'enfiler dans le boyau obscur.

«Tu as lu *Alice au pays des merveilles,* Hermie? demanda-t-il, très mondain.

— Non, pourquoi?»

Indy avait toujours le don de surprendre Herman par ses questions saugrenues.

«C'est l'histoire d'une fillette qui suit un lapin dans un trou, expliqua Indy. Le lapin est en retard, alors il file comme le vent...

— Que lui arrive-t-il ensuite, à cette fillette? demanda Herman, vaguement intéressé.

— Eh bien, Alice rencontre toutes sortes

de personnages étranges. Assez cauchemardesques, dans leur genre.

— Si tu veux mon avis, Indy, c'est nous qui devrions détaler comme des lièvres, si nous ne voulons pas rencontrer une fois encore les personnages étranges qui nous ont escortés jusqu'ici.

— Bien dit, Hermie.»

Et de se glisser dans le terrier.

«Pays des merveilles, nous voilà!»

8

Odyssée souterraine

« J'espère que papa ne s'inquiète pas, remarqua Indy. Il doit se demander où nous sommes passés. »

Puis il fit la moue.

« Bah ! Il ne s'est sans doute même pas aperçu de notre disparition. Du moment qu'il a trouvé les livres qui l'intéressaient, il passe sans doute des journées entières à renifler la vieille poussière et le moisi.

— Oh, nn... non, non, non, répliqua Herman. Moi, je suis persuadé qu'il est parti à notre recherche et qu'il va venir nous sauver.

— Papa ? s'exclama Indy. Autant prier pour qu'il pleuve des glaces à la vanille. »

En silence, Herman se pourlécha les babines, rien que de songer à un tel miracle.

« Ce serait vraiment le pays des merveilles..., murmura-t-il.

— Allons, assez lambiné. Dépêchons-nous, Hermie. Ce boyau a l'air de se prolonger plus loin que je ne le pensais.

— Indy, pourquoi continuer? demanda Herman, tout essoufflé. Nous sommes bien cachés. Il ne peut rien nous arriver. Alors, restons là quelques heures, et les hommes de Zed nous oublieront.

— Pas si sûr... Je crois qu'ils ont une idée derrière la tête, et je ne serais pas surpris qu'ils aient des plans bien précis nous concernant.

— Quel genre de plans, Indy?

— J'aime mieux ne pas avoir à le découvrir. »

Ils reprirent leur progression, qui était facilitée par des marches creusées dans le roc. En s'aidant à la fois de leurs pieds et de leurs mains, ils descendaient assez vite.

« On se croirait sur une échelle, remarqua Indy.

— Ouch! fit soudain Herman.

— Qu'est-ce qui t'arrive, Hermie?

— J'ai senti quelque chose de froid sous ma main. »

Les cheveux d'Indiana se dressèrent sur sa tête.

« Quelque chose de... froid? »

Comme... un serpent? Ce qui aurait pu arriver de pire à Indy, sans aucun doute, c'eût été d'entendre un serpent siffler sournoisement. Pour sinistre qu'il fût, il préférait encore le sifflement des balles.

Soudain, il eut la chair de poule. Il avait l'impression de sentir le corps visqueux d'un serpent onduler sur son bras, dans son dos, le long de ses jambes. « Du calme, mon vieux, tu as trop d'imagination », se morigéna-t-il.

Et si l'un de ces reptiles immondes plantait ses crochets dans son cou, tel un vampire assoiffé ? Cette seule pensée lui était insupportable. Et rien à faire pour la chasser de son esprit.

Indy avait la phobie des serpents, il les redoutait plus que tout au monde, et il n'y pouvait rien. Mais il s'efforça de rester calme et de ne pas trahir sa terreur. Inutile d'effrayer cette poule mouillée d'Herman. Ils ne se sortiraient jamais vivants de cette situation périlleuse si Herman perdait son sang-froid.

« Indy, gémit ce dernier, j'ai une drôle d'impression.

— Quelle impression ? » demanda patiemment Indy.

Herman dut rassembler tout son courage pour affronter les foudres d'Indy. Car il le savait, ce qu'il s'apprêtait à dire mettrait son ami en colère.

« Eh bien, j'ai l'impression que nous sommes en train de commettre la même bêtise qu'à Konya. J'ai l'impression de me trouver dans le même souterrain, face aux mêmes ennuis, et aux mêmes ennemis.

— Pas du tout. Ça n'a rien à voir, répondit Indiana d'un ton rassurant. A Konya, vois-tu, nous suivions le roi Zed. Cette fois, c'est lui qui nous poursuit. Et nous n'allons pas au-devant des ennuis, nous essayons d'y échapper. De plus, nous pouvons toujours faire marche arrière et remonter d'où nous sommes venus.

— D'accord, d'accord, c'est différent, concéda Herman, soulagé de voir qu'Indy ne se fâchait pas. Tu as toujours raison, de toute façon. Mais j'ai cette autre drôle d'impression, aussi. »

Indy soupira. Il poursuivait sa descente aussi rapidement que possible, de peur que Hermie ne flanche avant d'avoir touché au but.

« Quelle autre impression ?

— Eh bien, ce drôle de zèbre, le roi Zed, il m'a l'air d'être plutôt à son aise dans les souterrains. Comme s'il ne pouvait pas jouer les rois ailleurs. Et j'ai bien l'impression que nous sommes sur son territoire, que nous marchons allégrement sur ses plates-bandes, si tu vois ce que je veux dire.

— Et moi qui croyais avoir une imagination galopante! s'exclama Indy. Tu devrais écrire des récits d'aventures, Herman. Ou alors ne pas en lire autant.»

Puis, Indy décida de mettre un terme à cette discussion oiseuse, qui ralentissait leur progression vers le bas.

«Tu devrais remercier le ciel d'avoir mis ces marches à notre disposition, au lieu de te plaindre, déclara-t-il avec fermeté. Allons-y. Et regarde où tu mets les pieds. Je n'ai pas envie de te recevoir sur la tête.»

Herman n'osa plus rien dire.

Lentement, Indy continua de descendre l'escalier improvisé, tâtonnant du pied avant de prendre appui sur chaque nouvelle marche.

«Je comprends mieux ce que ressentent les aveugles, commenta-t-il. Ils ne peuvent s'en remettre qu'au toucher pour trouver leur chemin dans l'obscurité.»

Mais en la circonstance, il se sentait lui-même partagé entre la crainte du danger et l'enthousiasme de l'aventure. Oui, l'inconnu, rien de plus excitant!

C'est alors qu'il crut distinguer ses mains, au-dessus de lui. Jusqu'à présent, il avait été plongé dans les ténèbres absolues...

Un regard vers le bas confirma son impression. Mais oui, c'était bien de la lumière!

Maintenant, il pouvait apercevoir le bas de l'escalier creusé dans le roc. De la lumière filtrait d'un couloir.

Il entendit la voix plaintive d'Herman, juste au-dessus de lui.

« Indy, tu vois ce que je vois ? J'ai une drôle d'impres...

— Eh bien, garde-la pour toi, répondit Indiana exaspéré. Il doit y avoir des gens qui vivent en bas, voilà tout. Si les indigènes habitent dans des rochers, je ne vois pas pourquoi ils ne s'installeraient pas dans des trous !

— Tu crois ? s'enquit Herman, loin d'être convaincu. Mais en tout cas, ils ne nous ont pas invités chez eux.

— Nous ne les dérangerons pas le moins du monde, rassure-toi. Nous avons déjà pu apprécier leur gentillesse à l'égard des visiteurs étrangers. Ils nous aideront certainement à trouver le chemin le plus rapide pour retourner à Konya. »

Les deux spéléologues amateurs ne tardèrent pas à poser le pied sur la terre ferme.

« Ouf ! fit Herman, j'ai cru que nous ne verrions jamais le bout du tunnel. »

A ce moment, Indy s'engagea d'un pas ferme dans le couloir mystérieux, et les garçons eurent la stupeur de découvrir... un autre tunnel, creusé dans la roche friable. Sur toute sa longueur, il était éclairé par des lampes à pétrole disposées dans de petites niches.

« Je n'en reviens pas ! s'écria Herman. Et regarde, il y a d'autres entrées de chaque côté du tunnel !

— Pas si fort..., chuchota Indy, tu vas donner l'alerte.

— Mm... mais... mais... je croyais que nous allions être reçus à bras ouverts ?

— Oui, bien sûr... hum... mais qui sait ? Ces gens ont peut-être des bébés endormis, et tu pourrais les réveiller.

— DES BÉB... des bébés ? Sous terre ? hoqueta Herman, le plus discrètement possible.

— Peu importe, fit Indy, qui commençait à être excédé par toutes les questions d'Herman. Ne perdons pas de temps, allons visiter les lieux. »

Délibérément, ils s'engagèrent dans le passage. Par les ouvertures ménagées dans les parois rocheuses, ils aperçurent avec étonnement une série de pièces. Le plus étrange, c'est que toutes ces pièces étaient meublées et garnies de tapis...

« C'est peut-être un nouveau type d'hôtel pour les touristes, persifla Herman. Le *nec plus ultra* du pittoresque ! »

Indy haussa les épaules.

Au bout de quelques dizaines de mètres, le tunnel bifurqua.

« Dans quelle direction allons-nous, maintenant, monsieur l'infaillible ? » demanda Herman, une pointe d'insolence dans la voix.

Indy scruta le tunnel de droite, puis celui de gauche. Des deux côtés, il pouvait apercevoir d'autres lampes et d'autres ouvertures.

« Il y a tout un labyrinthe, dit-il. Nous sommes tombés sur une véritable fourmilière.

— Ecoute, Indy, si tu veux mon avis, les labyrinthes sont faits pour qu'on s'y perde, risqua encore Herman. Retournons d'où nous venons, pendant que nous pouvons encore retrouver notre chemin. »

Mais Indy ne l'écoutait pas, trop absorbé par ses propres réflexions.

« L'air est pur », déclara-t-il d'un air pénétré.

Herman ouvrit des yeux ronds.

« Qu'est-ce que tu racontes, encore ? Nous ne sommes pas en plein champ.

— Non, mais nous ne sentons même pas l'odeur de la fumée des lampes. Ce qui veut dire que l'air est aspiré. Il doit y avoir un système de ventilation. »

Il finit par opter pour la branche droite du tunnel. Et il ne tarda pas à trouver ce qu'il cherchait. Au bout du passage, il découvrit un trou en forme de puits, creusé dans le sol.

Juste au-dessus, un trou similaire avait été pratiqué dans le plafond.

Indy tendit la main et sentit un courant d'air.

« Un puits d'aération, expliqua-t-il, comme dans les mines. Il doit remonter jusqu'à la surface. Mais je me demande quelle est sa profondeur exacte.

— Ah non ! s'exclama Herman en gesticulant. Nous n'allons pas descendre pour vérifier.

— Je t'ai déjà dit de parler moins fort, Hermie. Tu veux vraiment nous faire repérer. Regarde plutôt. »

Indy ramassa un caillou et le jeta dans le trou béant. Il attendit de longues secondes, mais à en croire ses oreilles, jamais le caillou n'atteignit le fond.

« Il doit y avoir d'autres niveaux en dessous, reprit-il. Sans doute plus d'une dizaine. Je me demande bien qui a pu aménager un tel réseau de galeries. Il a dû falloir une armée entière.

— Indy ? » fit Herman.

Mais Indiana ne prit pas la peine de se retourner.

« Nous allons trouver un moyen de descendre à l'étage inférieur, c'est tout. Ensuite, nous remonterons, je te le promets.

— *Indy?* appela encore Herman, d'une voix plus pressante.

— *Quoi encore?* soupira Indiana, non sans impatience.

— Gloup!»

Indy s'était accroupi, en quête d'un escalier taillé dans le roc.

«T... t... tu disais que nous serions reçus à b... b... bras ouverts par les indigènes? reprit Herman. Eh b.... b... bien, r... r... regarde plutôt.»

Indy tourna la tête pour apercevoir un Herman pétrifié. Derrière lui, un homme bloquait le passage par lequel ils étaient arrivés.

S'il portait une sorte de robe traditionnelle, le fusil qu'il tenait était on ne peut plus moderne. Et le canon de ce fusil était braqué sur les deux garçons.

9

Le comte et le roi

L'homme en question ne parlait pas anglais. Mais de toute façon, il n'avait pas besoin d'ouvrir la bouche pour se faire comprendre. A l'aide du canon de son fusil, il indiqua à ses otages la direction à suivre.

Puis il les guida à travers le labyrinthe souterrain. Indy s'était juré d'être attentif à tous les détails de leur déplacement. Mais les couloirs succédaient aux tunnels, et les portes dérobées aux murs suintants d'humidité.

Bien vite, Indy renonça à compter les lampes à pétrole sur son chemin. Inutile de chercher à jouer les Petit Poucet, il ne retrouverait jamais la sortie.

Au terme de plusieurs longues minutes, ils arrivèrent devant un escalier. Leur guide releva le menton pour leur intimer l'ordre de s'y engager.

Après avoir descendu un étage, ils parcoururent de nouveau une succession de passages et de salles éclairées. Puis l'homme au fusil leur fit descendre encore un étage. Indy ouvrait toujours l'œil, en quête d'informations sur l'endroit bien mystérieux où ils se trouvaient.

Ils traversèrent une grande salle où étaient rassemblés d'autres hommes, ainsi que des femmes et des enfants. Puis ils découvrirent une succession de cuisines, de salles à manger et de chambres à coucher.

Au passage, Indy aperçut de gros rondins de bois, qui devaient servir à bloquer les entrées en cas d'attaque. Au pied de chaque escalier se tenait un garde armé jusqu'aux dents : fusils et pistolets modernes, mais aussi sabres et poignards traditionnels.

« C'est une véritable forteresse, chuchota Indy. On n'y entre pas comme dans un moulin.

— Le tout, c'est d'en sortir, répondit Herman d'un ton funèbre.

— Tiens, on dirait que nous touchons au but », dit alors Indy.

Ils étaient parvenus à un étage dont les couloirs étaient plus larges. Aux murs et sur le sol, les garçons purent admirer des carrelages multicolores de la plus belle qualité.

« Oui, ce doit être le point de non-retour, répondit Herman, qui venait de sentir le canon du fusil pressé contre son dos.

— Ma parole, mais je rêve ! s'écria soudain Indy.

— Tu as raison, c'est un vrai cauchemar », gémit Herman, livide.

Ils venaient de pénétrer dans un immense vestibule au bout duquel se trouvait une grande porte dorée à double battant. Deux hommes en gardaient l'accès, vêtus comme des guerriers antiques, avec des plastrons en or. Leurs boucliers et leurs lances semblaient également être en or.

L'homme au fusil s'adressa aux gardes, qui ouvrirent immédiatement la porte. De la pointe de son canon, il fit avancer les garçons.

« Je n'en crois pas mes yeux ! s'exclama Indy, ébloui par une lumière aveuglante.

— Tu trouves toujours le mot juste », répondit Herman, qui avait lui aussi du mal à supporter l'intensité de la lumière après ces longs moments passés dans la pénombre.

Au centre d'une vaste salle éclairée par des centaines de torches fumantes, se trouvait un trône majestueux en or massif. Juché sur ce trône, un personnage familier les contemplait avec un rictus inquiétant.

« Vous voilà enfin ! tonna-t-il. Vous en avez mis un temps...

— Le roi Zed! s'exclama Herman, bouche bée.

— On dirait qu'il ne nous avait pas menti», glissa Indy à l'oreille de son ami.

Du coin de l'œil, il étudia le trône de Zed. Sa couronne sertie de pierres précieuses. Son sceptre incrusté de rubis. Et le symbole qui figurait sur ce sceptre : un crâne blanc comme la mort.

Puis il aperçut le comte Igor. Gargantua, pour les intimes.

«Ma parole, c'est carnaval», murmura Indy.

Le comte était vêtu d'un uniforme vert émeraude et d'un bonnet de hussard. Sur son ample poitrine, les médailles le disputaient aux rubans.

Jetée sur ses épaules, une cape garnie d'hermine flottait avec dignité. Et ses bottes noires luisantes montaient jusqu'aux genoux.

«Sa Majesté avait raison», clama Gargantua, un large sourire aux lèvres.

Mais Indy était bien décidé à se faire remarquer.

«On a dû prélever un morceau du trône pour lui fabriquer des dents», plaisanta-t-il, histoire de détendre l'atmosphère.

Mais Herman n'était pas d'humeur à rire.

Gargantua non plus, d'ailleurs.

«Je vous ennuie, peut-être, monsieur "Junior"?»

Ses mâchoires se crispèrent dans un rictus haineux.

«Je disais donc, reprit-il, que Sa Majesté avait raison. Nos hommes vous ont vus emprunter l'une de nos entrées secrètes, et Sa Majesté était convaincue que vous trouveriez votre chemin jusqu'ici.

— Je sais combien vous êtes des garçons curieux», fit le Roi.

On aurait dit qu'il savourait ce moment, avec un mélange de jouissance et de cruauté. Enfant, il avait dû prendre un malin plaisir à arracher leurs ailes aux mouches, puis à les regarder se tortiller de douleur...

«Je t'avais prévenu, fit Herman à l'oreille d'Indy. Nous n'aurions jamais dû descendre dans ce trou.»

Mais Indy ne répondit rien. Il s'intéressait en effet bien davantage aux paroles du Roi qu'aux balbutiements de son compagnon.

«J'ai ordonné à mes hommes de surveiller les issues, afin que vous ne puissiez pas ressortir, ajouta ce dernier avec fierté.

— Et vous nous avez subtilement menés jusqu'à vous, commenta Indy.

— Tout juste, mon garçon. Tout juste.»

Il se tourna vers Gargantua.

« Ces Américains sont bénis des dieux, n'est-ce pas, comte Igor ? C'est pourquoi nous leur réservons un traitement... royal. Ha ! Ha ! Ha ! »

Gargantua fut tout secoué de rire, lui aussi.

« Votre Majesté, vous êtes vraiment irrésistible ! » glapit-il avec excitation.

Mais les deux garçons se cantonnèrent dans un mur de silence — leur seule défense.

« Vous ne voulez pas en savoir plus ? leur demanda " Sa Majesté ", visiblement déçue par leur apparente indifférence.

— Pardonnez-moi, Votre Hautesse, je voulais faire durer le plaisir, répondit Indiana. Mais je vois que vous mourez d'envie de nous le révéler. »

Le roi Zed gloussa de contentement.

« Ce n'est pas moi qui vais... mourir, annonça-t-il d'une voix caverneuse.

— Ha ! Ha ! » fit Indy, avec un sourire forcé.

Herman lui tapota le bras.

« Ecoute, Indy, n'en rajoute pas, chuchota-t-il. Tu ne gagneras rien à rendre Sa Majesté folle de rage.

— Folle ? hurla Indy de toutes ses forces. Mais Sa Hautesse est déjà folle. Elle a des illusions de grandeur. D'abord, elle se prétend Roi des Rois. Ensuite, elle menace de nous tuer ! Tout ce que veut cet iconoclaste, c'est toucher la rançon que lui versera mon père!»

Les sourcils de Gargantua se haussèrent d'au moins trois centimètres.

«Tout le monde pense que les Américains roulent sur l'or, reprit Indy. Ce type court après une poignée de dollars, c'est tout. Et pour quelques dollars de plus, il va fomenter sa petite révolution.

— Indy, mais qu'est-ce qui te prend?!» s'écria Herman avec horreur.

Indiana marqua une pause. Puis il conclut.

«C'est une histoire très banale : le bon, la brute et le truand.

— Et qui est la brute, d'après toi?» vociféra Gargantua, blême de colère.

Le visage du roi Zed, quant à lui, s'était empourpré. On l'aurait cru prêt à exploser.

Mais Indy savait exactement ce qu'il faisait. Il voulait couper l'envie de sourire à ce souverain d'opérette. Il voulait que ce monarque emplumé cesse de jouer au chat et à la souris avec lui.

En un mot, il voulait que le Roi montre les dents... et révèle ses plans. Plus Indy en saurait à ce sujet, plus il aurait de chances de les battre en brèche.

«Assez parlé! tonna Zed. Je vais vous montrer ce que peut accomplir le Roi des Rois.»

Il fit claquer ses mains. Le choc se répercuta dans la grande salle tel un coup de fusil. C'est alors que deux hommes entrèrent, rampant sur le sol à quatre pattes.

Une fois devant le trône, ils s'immobilisèrent face contre terre.

« Levez-vous ! » ordonna le Roi.

Les deux hommes obéirent sur-le-champ.

« Nous allons parler anglais à ces garçons, afin qu'ils comprennent qui je suis et ce qu'ils doivent faire. »

Il regarda Indy et Herman. Ce dernier tremblait de tous ses membres.

« C'est la raison pour laquelle je leur ai fait apprendre l'anglais, expliqua-t-il en désignant ses deux " courtisans ". Ils ont étudié les langues de tous les grands de ce monde. »

Puis il se rengorgea.

« Et je les ai apprises moi-même, pour que les souverains de tous les pays me comprennent quand je leur dirai quoi faire... le moment venu.

— Oui, ô Roi des Rois », acquiescèrent les deux hommes à l'unisson.

Ils formaient un couple étrange. L'un était mince comme un fil, avec des traits anguleux. L'autre était obèse, et son gros crâne dégarni luisait dans la lumière des torches.

« Pour commencer, t'es-tu assuré que la

date était la bonne ? demanda Zed au premier.

— Sire, j'ai passé ma vie entière à étudier les tablettes sacrées, répondit l'homme. Et depuis l'année dernière, j'observe les étoiles avec votre nouveau télescope.

— Offert par le tsar, si je peux me permettre de vous le rappeler, Votre Majesté, interrompit Gargantua.

— Oui, oui, je m'en souviendrai », répondit le Roi avec agacement.

Puis il se tourna de nouveau vers le plus maigre des deux « courtisans ».

« Je t'ai posé une question simple, Mirzoza. Es-tu sûr de la date ?

— J'en mettrais ma main à couper, déclara Mirzoza avec solennité.

— Et ta main sera effectivement coupée si tu t'es trompé », promit le Roi.

Il s'adressa ensuite au plus gros des deux.

« Mangogul, es-tu prêt à accomplir ta tâche ?

— Bien sûr, ô Roi des Rois. Il faut seulement qu'on m'apporte mes instruments.

— Alors hâte-toi, balourd ! » ordonna Zed.

A son tour, le pansu Mangogul fit claquer ses mains boudinées.

Deux serviteurs pénétrèrent dans la salle. L'un portait une boîte en or remplie d'instruments chirurgicaux. L'autre tenait un plateau doré. Sur le plateau, Indy et Herman aperçurent une pierre blanche un peu terne, en forme d'œuf.

« Maintenant, il ne nous manque plus qu'une chose, dit Mangogul.

— Explique donc à nos " invités " de quoi il s'agit, dit le Roi en ricanant. Je sais combien ils sont curieux. »

Mangogul se tourna alors vers Herman et Indy.

« Gloup ! » fit Hermie.

Le gros homme prit son souffle et annonça tout de go :

« Votre sang, mes agneaux. »

10
Le signe de Caïn

« Vous ne sentirez rien, assura Mangogul en ouvrant sa boîte à instruments.

— La dernière fois que j'ai entendu cette phrase, j'étais chez le dentiste, fit Herman d'une voix plaintive. Et il mentait. »

Indy adressa à son compagnon un regard qui voulait dire : *« Ne leur montre pas que tu as peur. »*

Herman lui répondit d'un regard qui affirmait sans ambiguïté : *« Mais j'ai peur. »*

Tout ce qu'Indy pouvait tenter en la circonstance, c'était de faire montre de courage.

« Je passe en premier », déclara-t-il bravement.

Et il fit un pas en direction de Mangogul.

Le gros homme fouilla dans sa boîte et en sortit une longue aiguille argentée.

« Donne-moi ta main », ordonna-t-il.

Indy retint son souffle et tendit le bras. Mangogul l'attrapa par le poignet. D'un mouvement rapide, celui d'un expert à n'en pas douter, il planta l'aiguille dans le pouce d'Indy.

Ce dernier ne donna pas au chirurgien ventru la satisfaction de l'entendre pousser un cri de douleur. Il ne cilla même pas. Le regard impassible, il se contenta de mordiller sa lèvre inférieure.

Sans rien dire, il observa Mangogul tandis qu'il faisait pression sur son pouce. Quelques gouttes de sang tombèrent sur la pierre blanche en forme d'œuf.

Et c'est alors qu'un prodige se produisit.

La pierre se mit à rougeoyer à l'intérieur, comme si une lampe avait été allumée en son centre.

« Bien ! » s'exclama Mangogul, visiblement soulagé.

Mirzoza parut lui aussi rassuré. On ne lui couperait pas la main ce jour-là.

« Au tour du second, maintenant », réclama le Roi.

A l'aide d'un chiffon, Mirzoza essuya le sang, et la pierre cessa de rougeoyer.

Mangogul prit la main d'Herman.

« Aïe ! » hurla ce dernier au moment où l'aiguille pénétrait dans son doigt.

De nouveau, la pierre se mit à rougeoyer.

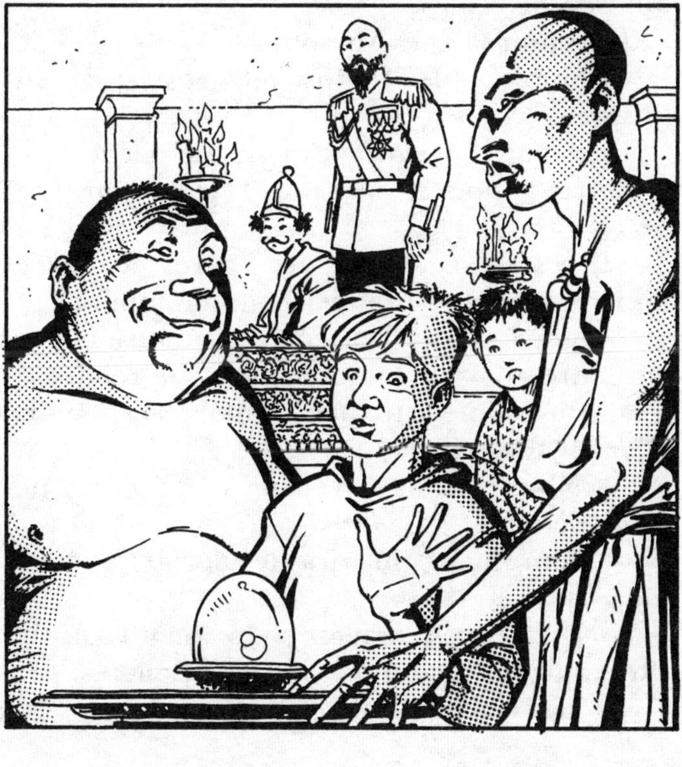

« Excellent ! » constata Mangogul.

Il fit sa révérence au roi Zed.

« O Roi des Rois, la pierre sacrée qui ne ment jamais vous a dit la vérité. Ces garçons sont tous deux innocents. Vous pouvez utiliser l'un ou l'autre. Comme bon vous semblera, Majesté.

— Mmmm..., fit le Roi en se caressant le menton. Voilà qui me pose un problème. Lequel devrais-je prendre ? Bah, j'ai encore un peu de temps. »

Il se tourna vers Mirzoza.

« Combien de temps me reste-t-il, au juste ? »

Le maigre Mirzoza tira de sa poche une montre en or et plissa les yeux pour lire le cadran.

« Il reste exactement dix heures et quatre minutes avant le premier coup de minuit.

— Vous voulez dire qu'il va nous falloir attendre tout ce temps pour comprendre à quoi rime toute cette mascarade ? s'écria Indy. Vous voulez rire ?

— Nous allons rire, mon garçon, ne t'inquiète pas.

— Rira bien qui rira le dernier, rétorqua Indy.

— Dix heures, ce n'est pas si long, reprit le Roi. Surtout quand ce sont les dernières...

— Ha ! Ha ! Ha ! » s'esclaffa Gargantua.

Mais le Roi fit la moue. Aussitôt, Gargantua reprit une expression sérieuse.

« Ma famille attend ce moment depuis près de quatre mille ans.

— Quatre mille ans ? Allons, imposteur, arrêtez de mentir, s'insurgea Indy. Vous nous prenez pour des imbéciles. Non seulement vous êtes un kidnappeur, mais encore vous abusez les foules. Vous n'êtes pas plus roi que vous n'étiez derviche à Konya. »

Mais Zed refusa de se laisser emporter par la colère.

« Tu peux toujours parler. Tu n'es qu'un misérable ver de terre. Je pourrais t'écraser comme une fourmi. Mais moi, Zed, Roi des Rois, je sais me montrer grand seigneur. J'ai pitié de vous deux. Je vais donc donner un sens à vos petites vies sans envergure. »

Il gonfla la poitrine.

« Je vais vous expliquer pourquoi vous allez mourir.

— Ce n'est pas trop tôt ! s'exclama Indy. Je commençais à m'cnnuyer. »

Et il se mit à bâiller. Mais cette fois, Herman se garda bien de l'imiter. Entre ses dents serrées par la peur, on n'aurait pu glisser une épingle.

« Lorsque minuit aura sonné, reprit le Roi, mon rire triomphant retentira dans tout le pays.

— Curieux, repartit Indiana. Je croyais que le rire était le propre de l'homme... »

Herman, pour sa part, était au bord de l'apoplexie. Il lui avait déjà fallu endurer le supplice de l'aiguille, et maintenant Indy se mettait de la partie, comme s'il cherchait avant toute chose à déchaîner la colère du Roi...

Mais le Roi gardait son calme.

« Comme tu le disais si bien, mon garçon, rira bien qui rira le dernier.

— Allez, Votre Splendeur, fit encore Indy, racontez-nous votre conte à dormir debout.

— Silence ! » gronda Gargantua, qui commençait à s'impatienter.

Le roi Zed inspira fortement.

« Connais-tu l'Ancien Testament de la Bible ? demanda-t-il. Penses-tu qu'il s'agisse là d'un conte à dormir debout ?

— Je connais la Bible, répondit Indiana. Quiconque s'intéresse à l'histoire se doit de l'avoir lue.

— Alors tu connais l'épisode qui met en scène Caïn et Abel, reprit le Roi.

— Bien sûr, Votre Sainteté. Caïn et Abel étaient frères. C'étaient les fils d'Adam et Eve. Caïn était jaloux d'Abel et il l'a tué. Il est ainsi devenu le premier assassin de l'histoire de l'humanité.

— Très bien », dit le Roi.

Il se tourna vers Gargantua.

« Nous avons ici un jeune érudit, comte Igor. »

Tous deux échangèrent un sourire entendu. Puis Zed se tourna de nouveau vers Indiana.

« Mais sais-tu ce qui est arrivé à Caïn après qu'il eut tué son frère ? »

Indy réfléchit un moment.

« Si je ne me trompe, sa famille l'a banni, et il a dû partir pour l'Est d'Eden. Le pays des songes. »

Il s'interrompit un instant, puis reprit son récit.

« Il y a autre chose, aussi. Le Seigneur l'a affublé d'un signe distinctif pour le punir.

— Quel genre de signe ? demanda le Roi.

— Je ne pense pas que la Bible le mentionne, répondit Indiana en se grattant la tête.

— Tu as raison, dit le Roi. Ce n'est pas dans la Bible. Du moins pas dans la Bible que tu connais. Mais il en existe une autre, et elle raconte une autre histoire.

— Quoi ? Les apocryphes ? Mais ils n'ont jamais été reconnus par l'Eglise...

— Oh, la version que je détiens est authentique, susurra le Roi. Elle raconte que le Seigneur des Enfers a donné un couteau à Caïn. Un couteau qui lui garantirait la sécurité. Et lui donnerait un pouvoir absolu. »

Zed baissa la voix.

« Tout ce qu'il avait à faire, c'était de plonger le couteau dans le cœur d'Abel, afin d'introduire le meurtre sur terre. Ensuite, Caïn détiendrait le pouvoir absolu, et ce pouvoir serait transmis à tous ceux qui posséderaient le couteau après lui. Jusqu'à la fin des temps. »

Indy secoua la tête.

« Mais qu'est-il devenu, ce fameux couteau ?

— Voici ce qu'a déclaré le Prince des Ténèbres, dans sa grande sagesse : lorsque les étoiles et les planètes se retrouveront dans la même position que le jour où Abel a été tué, le pouvoir du couteau renaîtra. »

Zed leva les yeux vers le ciel.

« Et il sera effectif durant cent ans, l'âge de Caïn quand il est mort.

— Ppfffiooouuu ! fit Indy en s'épongeant le front.

— Mais pour bénéficier de ce pouvoir, le propriétaire du couteau devra imiter Caïn.

— Quoi ? Plonger son arme dans le cœur d'un innocent ? demanda Indy, qui commençait à comprendre où le roi Zed voulait en venir.

— Exactement, mon garçon. »

Indy s'efforça de ne pas céder à la panique. En effet, Herman s'était remis à claquer des dents, et cette fois-ci il avait tout d'un pic-vert atteint de frénésie perforatrice.

« Vous espérez nous faire croire à de telles balivernes ?

— Et ceci, c'est une baliverne ? » demanda Zed en tirant un couteau de sa gaine sertie de pierres précieuses.

L'arme, en apparence très vieille, était en fer, toute rouillée.

« Et cela, c'est une baliverne ? »

Il dénuda sa poitrine, et Indy, horrifié, y aperçut une grande marque rouge.

« Vous n'allez pas me dire qu'il s'agit de...

— Si, mon garçon. Cela est le signe de Caïn. »

11

Les révélations du roi

« Alors, tu me crois, maintenant ? » demanda le Roi, en proie à une excitation proche de l'hystérie.

Il remit le couteau dans sa gaine et reboutonna son vêtement.

« Bah, si vous voulez mon avis, cette marque ne prouve pas que le couteau renferme de tels pouvoirs, répondit Indy. Et personne n'a jamais prouvé qu'il suffisait de le plonger dans le cœur d'un innocent pour...

— Mais si ! interrompit Zed, au comble de l'exaltation. Le pouvoir de cette lame magique a été prouvé !

— Quand ? »

Tel un visionnaire saisi de transes, Zed se leva alors d'un bond et se mit à tournoyer sur lui-même, avant de s'élever lentement au-dessus du sol.

« Il y a trois mille ans, déclama-t-il, en suspension dans l'air, la conjonction des étoiles et des planètes était la bonne. Les astrologues s'étaient mis d'accord avec les astronomes.

— Les *gastronomes* ? » s'écria Herman, dont l'estomac s'était soudain réveillé.

Mais le Roi ne l'entendit même pas, tout absorbé par sa lévitation. Il tournait de plus en plus vite.

« Mon ancêtre a pratiqué le rite sacré, reprit-il, ses cheveux noirs de jais virevoltant autour de son visage. Et le pouvoir du couteau lui a appartenu pendant cent ans ! Cent ans !

— Gloup ! » murmura une petite voix.

Indy décocha un coup de coude à son compagnon.

« Mais dites-moi, Votre Grâce, comment se fait-il que personne n'ait jamais entendu parler de votre ancêtre ? Qu'a-t-il donc fait de ce fameux pouvoir ? »

Le Roi réussit l'exploit de bomber le torse, accélérant du même coup sa giration.

« Pour commencer, répondit-il, quelque peu essoufflé, il a conquis un empire immense en seulement vingt ans. Ensuite, il s'est préparé pour le jour où le pouvoir du couteau s'évanouirait.

— Comment cela ?

— Eh bien... ouf... des millions d'esclaves ont travaillé pendant... cinquante ans... ouf... pour bâtir une cité grandiose. Une cité où... ouf...il pourrait conduire son peuple lorsqu'il n'aurait plus les moyens de défendre son empire. »

Et il reprit son souffle avant de rugir :

« *Une cité SOUTERRRRRRAINE!!!* »Puis, exténué par cet effort surhumain, il retomba brutalement sur le sol.

« AÏE! » gémit-il.

Gargantua plaça une main devant ses yeux pour ne pas voir le résultat de cette chute malencontreuse.

Mais Zed, emporté par son élan, poursuivit son récit.

D'un geste auguste, il désigna la grande salle du trône et tous les autres couloirs, escaliers et pièces qu'Indy avait aperçus durant sa randonnée sous terre.

« Il y avait des sources ici, reprit le Roi. Et beaucoup de pièces où emmagasiner les vivres. Les couloirs pouvaient être bloqués en cas d'attaque ennemie. »

Un sourire carnassier lui étira les lèvres.

« Ainsi, lorsque les puissants Hittites sont descendus du Nord, mon ancêtre a conduit son peuple dans la cité souterraine. Et ensuite, ses descendants de sang royal ont patiemment attendu que le pouvoir du couteau leur revienne.

— Vous voulez dire que des gens habitent ici depuis *trois mille ans*?! s'écria Indy, suffoqué.

— J'en suis la preuve vivante, répondit le Roi. A la surface, les Hittites ont détruit toutes les traces de notre Empire. Mais nous avons survécu dans les entrailles de la terre. Nous sommes de moins en moins nombreux, mais nous avons gagné notre pari!

— Et personne ne vous a jamais découverts? fit Indy, incrédule.

— Pendant toutes ces années? renchérit Herman, émergeant soudain de son silence prudent.

— Les premiers qui nous ont trouvés, nous les avons tués, répondit Zed en haussant les épaules. Ensuite, ils ont été de plus en plus nombreux et nous avons dû battre en retraite. Nous avons abandonné les niveaux supérieurs de notre cité aux autres peuples pourchassés.»

Gargantua commençait à trouver le temps long. Visiblement, il n'avait nulle envie que le Roi des Rois aille raconter sa vie entière aux deux otages. Aussi se racla-t-il la gorge avec insistance.

«Quels peuples, Votre Altesse? demanda Indy qui, lui, voulait gagner du temps.

— Les chrétiens qui fuyaient les païens, les païens qui fuyaient les chrétiens, puis les chrétiens qui voulaient échapper à l'Islam. Pour les contourner, nous avons construit des entrées séparées dans les étages inférieurs. C'est là que nous résidons, désormais. »

De nouveau, Gargantua se racla la gorge.

« Un peu de patience, comte Igor », fit le Roi, soudain irrité.

Froissé, Gargantua se raidit.

« Oui, d'autant plus que j'ai encore des questions », renchérit Indy, ravi de l'aubaine.

A l'évidence, Zed était enchanté de pouvoir faire l'éloge de ses ancêtres.

« Ces gens devant lesquels vous dansiez, à Konya, demanda Indy, c'étaient des espions de votre royaume souterrain ? »

Le Roi hocha la tête.

« Mes serviteurs loyaux. Depuis trois mille ans. A la surface, il leur a d'abord fallu feindre d'être chrétiens, puis musulmans. Mais ils ont toujours gardé leur foi intacte. Leur foi en la puissance des ténèbres. »

Herman frissonna.

« Ils savaient que viendrait le jour de Caïn. L'aube d'un siècle durant lequel le meurtre régnerait sans partage. Et maintenant, enfin, les étoiles, le soleil et la lune se trouvent dans la bonne position. »

A cette perspective, il se remit à tournoyer sur lui-même et s'éleva lentement.

« Aujourd'hui, au douzième coup de minuit, ce siècle débutera », annonça-t-il d'un ton solennel.

Indy effectua un rapide calcul.

« Ce sera le 28 juin.

— Oui, selon votre calendrier, répondit le Roi, à vingt centimètres au-dessus du sol. Vous pouvez marquer cette date d'une pierre blanche. Le *28 juin 1914*. C'est alors que commenceront les cent années les plus terrifiantes que le monde ait jamais connues. »

Il fit une pirouette sur lui-même. Puis, de toute sa hauteur, il toisa les deux « innocents ».

« Et vous, mes agneaux, vous aurez l'honneur d'être les premières de millions de victimes.

— GLOUP ! »

Herman faillit avaler sa langue en entendant la nouvelle.

« Mais je ne comprends pas, fit Indy. Aucun de vos " fidèles " serviteurs ne réclame cet honneur ?

— Ils... ils ont des... droits », renchérit Herman.

Moins brutalement que la première fois, le Roi redescendit sur terre.

« Il n'y a pas de sang innocent parmi mon peuple », expliqua-t-il, condescendant.

Puis il remit de l'ordre dans ses robes.

« Comme je vous l'ai dit, ils ont gardé la foi. Nous nous étions résignés à utiliser un indigène, quand vous êtes arrivés. Si nous versons un peu de sang américain, nous aurons moins d'ennuis que si nous prélevons du sang turc.

— Ce n'est pas possible ! s'écria Herman. Nous sommes au vingtième siècle. »

Le Roi éclata de rire, aussitôt imité par Gargantua, visiblement soulagé de voir l'interminable récit du Roi tirer à sa fin.

« Demande donc à ton ami si ce n'est pas possible. »

Herman se tourna alors vers Indy. Celui-ci ne répondit rien, mais pourtant Herman poussa un immense soupir de soulagement.

En effet, Indy lui avait adressé un clin d'œil. Et ce clin d'œil-là voulait dire qu'il avait un plan...

12

Le couteau

Indiana et Herman passèrent le reste de la journée dans une cellule obscure, en compagnie de deux gardes armés jusqu'aux dents.

Comme ces gardes parlaient anglais, il était impossible aux deux garçons d'échanger le moindre secret. Herman devrait faire preuve de patience, avant d'en savoir davantage sur le plan mijoté par Indiana.

Minuit approchant, les deux gardes se levèrent comme un seul homme. L'heure était venue de conduire les condamnés jusqu'au lieu de leur supplice.

« Allons-y, les gamins, lança l'un des deux geôliers. Suivez-moi. »

Il ouvrit la marche, cependant que l'autre cerbère, qui suivait juste derrière Herman, les tenait en respect à l'aide de son fusil.

Au terme d'une randonnée dans le labyrinthe de tunnels et de couloirs qui leur était maintenant familier, Indy et Herman pénétrèrent dans un grand temple.

Au beau milieu, se dressait une statue semblable à celle qu'ils avaient vue à Konya : la silhouette monstrueuse d'un homme tenant un grand couteau. Mais cette statue-là était bien dix fois plus grande que la précédente...

Le roi Zed se tenait debout sur une estrade placée devant l'idole gigantesque. A côté du monarque en habit d'apparat, Indy aperçut une cuvette dorée. Mais le plus inquiétant, c'est que le roi tenait d'une main on ne peut plus assurée le terrifiant couteau de Caïn...

Une foule immense était massée dans le temple, comme fascinée par le rituel qui allait commencer. Tous les habitants du royaume souterrain, sans exception, avaient dû se rassembler pour cette occasion extraordinaire.

Tenant dans les bras un grand sac de toile, le comte Igor s'approcha de Zed. Avec une pompe de circonstance, il inclina la tête et déposa le sac aux pieds de son seigneur et maître, le Roi des Rois.

Celui-ci hocha la tête.

C'est le moment que choisit Herman pour interroger Indy. En effet, tous les regards étaient braqués sur le comte, qui avait entrepris de verser un flot de pièces d'or aux pieds de l'idole de pierre.

Herman en profita pour se pencher vivement vers l'oreille d'Indy :

« Alors, quel est ton plan ?

— Quel plan ? demanda Indy.

— Eh bien, ton plan ! insista Herman avec impatience. Le plan que tu as mis au point pour notre fuite. Tu m'as bien fait un clin d'œil, non ? »

Indy sembla soudain embarrassé.

« Euh... hum... Herman, ce n'était pas exactement un clin d'œil. Davantage une poussière...

— Tu veux dire que... »

Indy hocha la tête avec dépit.

C'est alors qu'un homme au crâne huileux vint se placer à leur côté.

« Je suis... votre interprète, dirons-nous, expliqua-t-il en les gratifiant tous deux d'un sourire mielleux. Sa Majesté tient absolument à ce que vous compreniez tout ce qui sera dit. »

Il lissa ses rares cheveux d'une main moite.

« Sa Majesté veut observer vos réactions à mesure que votre destin vous apparaîtra de plus en plus... clairement. »

Depuis l'estrade, le Roi se mit à pérorer de façon menaçante. L'interprète offrit aux condamnés une traduction immédiate.

« Le moment est venu de l'offrande finale

au Seigneur des Ténèbres. Le sang de l'innocent... dirons-nous.

— Si seulement nous avions plus de temps, gémit Herman, au comble du désespoir.

— Il nous en reste encore un peu, répondit Indy. Dans ce genre d'occasions, tu peux compter sur quelques longs discours. »

Indy ne s'était pas trompé. Les discours succédèrent aux discours, plus interminables les uns que les autres. L'interprète en attrapa une extinction de voix.

« Les huiles aiment à se répandre, dirons-nous, susurra-t-il, presque aphone, aux deux prisonniers.

— Qu'est-ce qu'il raconte ? » demanda Herman.

Indy haussa les épaules.

Pour résumer, la Turquie et la Russie se partageraient le monde dès que le Grand Couteau aurait rempli son office. D'ailleurs, l'instant fatal approchait.

Mirzoza, le maigre observateur des phénomènes de l'univers, vint tirer Zed par la manche en agitant une montre sous son royal appendice nasal. Puis il sauta sur l'estrade et interrompit Gargantua au milieu d'une phrase.

« Le douzième coup de minuit est pour bientôt, annonça le Roi. Je déclare la cérémonie ouverte. Qu'on amène les deux innocents. »

Herman adressa un regard affolé à Indy, qui n'en pouvait mais. Son héros n'avait donc aucun plan ? Etait-ce possible ?

Mais Indy évita soigneusement le regard de son ami. Il se contenta d'un laconique :

« L'heure de vérité a sonné. »

Deux gardes firent monter les « innocents » sur l'estrade, et ils se retrouvèrent devant le roi Zed, qui tenait le couteau de Caïn.

La foule des fidèles se mit alors à pousser de grands cris et entama une danse étrange.

« Il ne me reste qu'une question à résoudre avant que nos prières ne soient enfin exaucées, dit le Roi. Lequel de vous deux connaîtra la joie suprême d'entrer en contact avec le couteau de Caïn ? »

La foule scandait son enthousiasme.

Indy se racla la gorge.

« J'ai horreur de rapporter, dit-il, mais mon copain Herman, ici présent, n'est pas aussi innocent qu'il en a l'air. Je l'ai surpris plusieurs fois en train de copier sur moi pendant les interrogations écrites, au collège, et il n'arrête pas de faire des croche-pieds aux filles.

— Ha ! Ha ! Ce n'est pas bien du tout, camarade Müller, rugit Gargantua, dont cette petite confession avait déclenché l'hilarité.

— Moi, en revanche, reprit Indy, je suis le garçon le plus doux, le plus innocent et le plus gentil que vous ayez jamais rencontré. »

Le roi Zed transperça Indy de son regard acéré.

« Il y a un moment que j'ai envie d'effacer une fois pour toutes ton sourire insolent, petit Américain de malheur. Et je ne vais pas m'en priver.

— Soit, Votre Excellence, j'accepte votre décision. Je l'ai méritée. »

Serrant les dents, il fit un pas en avant. Au moins Herman aurait-il une chance de sortir vivant de cette galère...

Mais le Roi leva la main pour l'arrêter.

« Non, tu n'as pas compris. Te tuer maintenant serait trop facile. Tu t'en tirerais à trop bon compte. Je veux voir ton visage lorsque tu regarderas ton ami mourir. Je veux entendre tes éternelles plaisanteries à ce moment-là. »

Le Roi se frotta les mains.

« Après quoi, bien sûr, ton tour viendra. Mais j'ai besoin de réfléchir à la manière dont je vais te tuer. Je veux que tu souffres un bon moment. »

Malgré le profond sentiment d'horreur qui l'habitait, Indy ne lui donna pas la satisfaction de flancher devant la foule déchaînée.

« Désolé, Hermie. J'ai essayé, dit-il d'une voix blanche.

— Je sais, Indy, ne t'en fais pas. »

Mais il avait la gorge sèche, et l'estomac noué...

A ce moment, le Roi fit un signe de tête et un garde poussa Herman vers la cuvette dorée. Un autre lui prit le poignet et le plaça au-dessus de la cuvette.

Après avoir observé un moment la veine bleue qui palpitait sous les feux des cierges, le Roi leva son couteau.

C'est le moment où jamais. Advienne que pourra, songea alors Indiana, avant de plonger la main dans la large poche de son pantalon.

Une seconde plus tard, il brandissait le fouet du chamelier. Avant que quiconque ait eu le temps d'intervenir, la fine lanière s'enroula autour du royal poignet avec un sifflement.

Le roi Zed poussa un hurlement de douleur qui se répercuta dans tout le temple. Quant au couteau, il s'envola vers le plafond.

L'assistance se tut instantanément, pétrifiée. Mais Indy ne perdit pas son sang-froid. Au moment où le couteau retombait sur l'estrade, il s'en saisit prestement. Avec un quart de seconde de retard, tout le monde plongea pour l'attraper, mais Indy était déjà debout, l'arme bien en main. Terrible sacrilège...

Livide de fureur, le Roi ordonna à ses gardes de reprendre l'arme précieuse. Mais aucun n'osa bouger. On pouvait lire dans leurs yeux une terreur indescriptible.

« Alors, je le lui reprendrai moi-même ! » gronda le Roi des Rois.

Arrachant violemment son sabre à l'un des gardes, il se précipita sur Indy. Ce dernier n'avait qu'une solution...

« Herman, attrape ! » hurla-t-il.

L'espace d'un instant, il crut que tout était perdu. Herman, en effet, n'avait jamais été capable de rattraper le ballon sur un terrain de football américain. Mais cette fois-ci, il sut se montrer à la hauteur, et reçut le couteau avec une adresse surprenante.

Indy poussa un soupir de soulagement. Mais il en fallait plus pour que le Roi s'avoue battu... Avec la souplesse d'un chat, il se tourna vers un Herman tout décontenancé et se précipita vers lui, sabre au clair.

« Indy, attrape ! »

Herman avait lancé le couteau, à son tour. Mais cette fois, le Roi fut le plus agile, et il attrapa l'arme blanche en plein vol. Seulement, au lieu de pousser un cri de joie, il lâcha un hurlement de douleur... Car pour habile qu'elle fût, sa main n'avait pas su

choisir la juste prise, et c'est sur la lame qu'elle s'était refermée... A en juger par l'expression d'intense effroi qui se peignit sur son visage, le Roi devait assurément connaître à l'avance le sort qui l'attendait.

Sa terreur, d'ailleurs, se répandit comme une traînée de poudre parmi les fidèles.

Le cri de douleur du Roi mourut vite : soudain, il sembla que le monarque fût ravagé par un feu invisible. Ses vêtements se consumèrent, son corps tout entier se mit à rougeoyer tel un brandon ardent, tandis que ses cheveux incendiés disparaissaient en fumée dans un grésillement.

Au bout de quelques minutes, il ne restait plus par terre qu'un petit tas de cendres noires...

« Le Roi est mort, vive le Roi ! » lança Indy, en guise d'oraison funèbre.

13
La chute de Gargantua

Le couteau gisait sur le sol à présent, sa lame noire comme de l'ébène. Non, le roi Zed n'était pas innocent, songea Indy, loin de là.

Mais ses réflexions furent brutalement interrompues. Une main immense venait de s'abattre sur le couteau calciné...

C'était la main de Gargantua, monstre surgi d'un passé millénaire. Son autre main saisit Herman par la manche.

Puis, de sa voix de stentor, le comte hurla :

« Dépêche-toi, Junior. Cours. *Sauve-toi !* Pendant qu'il en est encore temps ! »

Indy n'en croyait pas ses oreilles. Quelle mouche avait piqué Gargantua ? Mais l'heure n'était ni aux discussions ni aux états d'âme, et Indy s'empressa d'obéir.

Pour l'instant, en effet, la foule était en état de choc. Mais quand elle reprendrait ses esprits, elle voudrait sans nul doute venger son Roi. Il s'était peut-être évanoui en fumée, mais son souvenir, lui, resterait « ardent » pendant plusieurs siècles.

Les trois fugitifs s'en furent donc sans demander leur reste. Fonçant tête baissée dans un couloir déserté, ils traversèrent plusieurs galeries obscures, avant d'arriver enfin au pied d'un escalier.

« Où allons-nous ? demanda Herman, haletant.

— Nous n'avons pas le choix, répondit Indiana.

— Tout juste, renchérit Gargantua. Nous montons !

— Mais le Roi a dit qu'il avait fait boucher les issues dans les étages supérieurs, fit remarquer Indy.

— Ne vous en faites pas, je connais ce dédale comme ma poche. »

Soudain, Indy s'arrêta, hésitant.

« J'aimerais tout de même savoir pourquoi vous avez pris notre défense, comte Igor.

— Elémentaire, mon cher Junior. Maintenant que le roi Zed est mort, je suis autant en danger que vous. Moi aussi, je suis un étranger, et la vengeance des fidèles sera terrible, n'en doutez pas. »

Seulement à moitié convaincu par ce retournement d'alliances, Indy reprit son ascension. Après tout, l'Histoire était remplie de ces traités conclus par la force des choses entre d'anciens ennemis.

Parvenu au faîte de l'escalier, il eut la surprise de découvrir une pièce qui ne comportait en apparence aucune issue.

« Je crois que nous avons fait fausse route, comte Igor. Etes-vous certain de connaître ce labyrinthe comme votre poche ?

— Sûr et certain, répondit Gargantua, avec un étrange sourire.

— Alors, faisons demi-tour », suggéra Indy.

Mais Gargantua leva le bras.

« Pas si vite, Junior ! »

D'une main, il attira Herman à lui et de l'autre, il brandit le couteau noirci.

« Qu'est-ce qui vous prend ? glapit Herman, terrorisé.

— Vous avez encore beaucoup à apprendre, mes agneaux, répondit Gargantua en découvrant sa mâchoire étincelante. Vos parents ne vous ont jamais recommandé de ne faire confiance à personne ? *Et surtout pas à moi ?* »

Soudain, Indy vit clair dans le jeu de Gargantua.

« Vous n'avez pas l'intention... d'utiliser le couteau ? demanda-t-il au comte. Vous êtes fou à lier ! Ce couteau, c'est... c'est du toc !

— C'est ce que j'ai moi-même d'abord pensé», expliqua Gargantua.

Il resserra son étreinte, au grand dam d'Herman, qui battait des paupières telle une chouette éblouie.

«J'ai cru que Zed était un fou, reprit Gargantua. Mais je m'en moquais. Cela n'aurait pas été la première fois qu'un gouvernement était renversé par un fou. Et s'il avait réussi, la Turquie serait devenue le partenaire privilégié de la Russie. En cas de guerre en Europe, cet avantage aurait revêtu une importance capitale.

— C'est sûr, concéda Indy. Je ne peux qu'être d'accord avec vous. Mais l'histoire du couteau, ça ne tient pas debout!

— Après ce qui vient de se passer? Tu as déjà oublié ce que le couteau a fait au Roi?»

Indy ne trouva rien à redire à cette évidence. Mais il remarqua l'étrange lueur qui brillait dans les yeux de Gargantua. Celle-là même qu'il avait déjà identifiée dans le regard du roi Zed. Celle du fanatisme, de l'ambition démesurée...

«Ce couteau recèle un pouvoir extraordinaire, et mon pays est prêt pour une révolution, lui aussi. La population est en colère et attend le changement avec impatience!»

Il jubilait, toutes dents dehors.

« Grâce à ce couteau, je m'emparerai du pouvoir. Et avec la Russie derrière moi, je pourrai régner sur le monde entier! »

Gargantua avait l'écume aux lèvres. De ses yeux exorbités, il fixait Indiana.

« Vous ne l'avez peut-être pas remarqué, mais le douzième coup de minuit a déjà sonné, objecta ce dernier, sans trop d'espoir.

— Peut-être, mais le couteau restera efficace pendant cent ans. Il suffit de déclencher son pouvoir. Et il se trouve entre mes mains. »

« Assez parlé », songea alors Indy.

Sortant son fouet, il s'apprêta à faire subir à la main de Gargantua le même sort qu'à celle du malheureux roi Zed... Hélas! Cette fois-ci, semble-t-il, la chance n'était pas de son côté.

Le couteau coupa net la lanière de cuir.

« Ha! Ha! Ha! s'esclaffa le comte Igor. Ton jouet ne peut rien contre cette arme magique. L'heure est venue de réciter vos prières... au Seigneur des Ténèbres. »

A la grande surprise de Gargantua, le jeune garçon s'exécuta sans protester. Courbant la tête, il se laissa tomber à genoux sur le sol, dans une attitude de piété résignée. Puis, braquant sur le comte un regard insolent :

« Erreur! s'exclama-t-il. L'heure est venue de prendre ceci en pleine fig... »

Il n'eut pas besoin de finir sa phrase. La pierre tranchante qu'il venait de ramasser avait atteint le comte en plein front. Celui-ci porta la main à son visage en hurlant, et Herman put se dégager.

« Filons, Hermie ! »

Indy ouvrit la route, dégringolant quatre à quatre les marches de l'escalier, puis remontant les galeries une à une. Mais bientôt, les deux garçons entendirent les pas de Gargantua. Malgré son poids, il se déplaçait vite et semblait gagner du terrain.

C'est alors qu'Indy sentit une brise légère lui caresser le visage. Il s'arrêta net. Elevant le bras, il bloqua la progression d'Herman. Puis il le plaqua contre la paroi de la galerie.

« Dépêche-toi, Hermie, cria-t-il, je vois une sortie, droit devant ! »

Quelques instants après, Gargantua passa devant eux sans les voir. Une seconde plus tard, un hurlement se répercuta dans la galerie. Un hurlement qui ne tarda pas à s'évanouir dans la nuit des temps.

Puis ce fut le silence. Un silence de mort.

« Il y avait un puits d'aération juste devant, expliqua Indy. Et il m'a l'air d'être très profond.

— Pppfffiiioouuu !!! lâcha Herman en s'épongeant le front. Il était moins une. Enfin, nous voilà débarrassés...

— Pas tout à fait, j'en ai peur, répondit Indiana. Mais d'abord, sortons d'ici.

— Mais comment? demanda Herman, de nouveau inquiet.

— Pas de problème. Les plans de cette cité souterraine doivent suivre une logique architecturale précise. Il nous suffit de déterminer comment les galeries et les tunnels ont été organisés.

— Un jeu d'enfant!» s'exclama Herman, goguenard.

Quelques heures plus tard, les deux garçons étaient couverts de poussière et trempés de sueur, mais ils oublièrent vite ce désagrément en apercevant la lumière du jour.

Se dressant sur la pointe des pieds, Indy s'agrippa au rebord du trou qu'ils venaient enfin de découvrir et se hissa au-dehors. Puis il s'agenouilla et aida Herman à s'extraire du trou à son tour.

«Mazette! Tu me la copieras, Indy!

— Ne t'en fais pas, maintenant, tout va bien se passer. Mais nous avons encore quelque chose à faire...»

Il parcourut du regard les alentours, en quête d'un gros rocher en forme de poire.

«Là-bas!» fit-il soudain.

Herman leva les yeux au ciel et suivit son ami en maugréant.

Juste à côté de l'énorme roc se trouvait l'entrée principale de la cité souterraine du roi Zed : c'était justement ce que cherchait Indy...

« Hermie, nous avons une tâche à accomplir. »

Imitant son ami, Herman se mit à pousser de toutes ses forces un gigantesque bloc de pierre. La masse rocheuse hésita un instant, puis se mit à rouler jusqu'à l'entrée secrète.

« Je comprends, fit Hermie. Ainsi, les fidèles de Zed ne pourront pas nous poursuivre...

— Il y a plus important, Hermie. Personne ne trouvera cette entrée, et donc personne ne se saisira du couteau...

— Mais nous n'allons rien dire de notre aventure à quiconque ?

— Rien. Motus et bouche cousue, mon vieux. Maintenant, en route vers Konya ! »

Herman secoua la tête.

« Tu as un tapis volant, sans doute ?

— Mieux », répondit Indiana avec un clin d'œil entendu.

Et il sortit dc sa poche une dizaine de pièces d'or.

« J'ai prélevé ma dîme sur l'" offrande " de Gargantua ! »

Apercevant soudain une caravane de chameaux qui passait non loin de là, il mit ses mains en porte-voix :

« Hé, taxi ! »

Epilogue

« Vous avez entendu la nouvelle ? demanda le professeur Jones aux deux garçons, dans le hall de l'hôtel. Ça m'étonnerait, en fait. Vous étiez trop occupés à vous perdre dans le Grand Bazar, hein, voyous ? »

Indy et Herman échangèrent un regard complice. Mais Herman se rappelait la consigne d'Indy : *motus et bouche cousue.*

« Eh bien, il paraît que l'héritier du trône d'Autriche-Hongrie a été assassiné dans une petite ville des Balkans appelée Sarajevo. L'incident fait beaucoup de bruit, et on parle même d'une guerre dans laquelle serait impliquée la Turquie. »

Indy se tourna vers Herman.

« La guerre dont ton père a dit qu'elle n'aurait jamais lieu ? »

Herman rentra le cou dans les épaules.

« Je suis d'accord avec le père d'Herman, dit alors le professeur. A coup sûr, c'est encore une tempête dans un verre d'eau... Si j'étais seul, je ne me ferais pas de souci. Mais je suis responsable de vous, et je ne veux pas prendre de risques inutiles. Nous rentrons demain. »

Indy parut soudain songeur.

« Papa, quand cet assassinat a-t-il eu lieu, exactement ?

— Voyons, attends que je réfléchisse... Ah oui ! Le 28 juin. Il y a trois jours. Mais je n'en ai entendu parler qu'aujourd'hui. Pourquoi me poses-tu cette question ? »

Indy haussa les épaules.

« Oh, pour rien. Va savoir pourquoi, j'ai dans l'idée que le monde est entré dans une période de troubles. Comme si une épée de Damoclès était suspendue au-dessus de nos têtes... »

Herman hocha la tête.

« Dis plutôt un *couteau* de Damoclès. »

Lc professeur gloussa.

« Vous et votre imagination ! Vous lisez trop de romans d'aventures, et pas assez de livres d'histoire. »

Mais ni Indy ni Herman n'avait envie de rire. Tous deux semblaient soucieux.

« Le seul problème, papa, c'est que la réalité dépasse souvent la fiction. »

Sur cette sentence prophétique, tous trois s'en allèrent prendre un repos bien mérité. Le monde pouvait bien s'écrouler ; Herman avait sommeil. D'ailleurs pour une fois, Indy fut le premier à se glisser entre les draps... et à enfouir sa tête sous l'oreiller.

Le pouvoir du couteau de Caïn avait-il vraiment été anéanti ? Seul l'avenir le dirait.

Table

IMPRIMÉ EN FRANCE PAR BRODARD ET TAUPIN
Usine de La Flèche, 72200.
Dépôt légal Imp : 6288 I-5 – Edit : 8646
20-07-8663-04-5 – ISBN : 2-01-018841-1.
Loi n° 49-956 du 16 juillet 1949 sur les publications destinées à la jeunesse.
Dépôt : janvier 1994.